Buch

Darwin hat uns gezeigt, was vor dem Menschen kam.
Sri Aurobindos Forschen handelt von dem, was *nach* dem Menschen kommt – schließlich besteht kein Grund anzunehmen, daß die Evolution beim Menschen haltmachen wird. Zum Überleben der Rasse Mensch ist es notwendig, das gegenwärtige weltweite Chaos als Anzeichen dieses nächsten evolutionären Schritts zu verstehen, als evolutionären Druck, um uns zum nächsten Schritt zu *zwingen*.
Und als erste Spezies auf der Erde steht es uns offen, bewußt an der eigenen Evolution teilzuhaben, anstatt sie passiv, unwissend und leidend zu erfahren.
Kernaussagen aus Sri Aurobindos und Mutters Entdeckungen führen den Leser zu dem Punkt, an dem Satprem uns einlädt, mit ihm selber den Versuch zu unternehmen und jenseits der Mauer der mentalen und vitalen Gewohnheiten zu dringen, die uns seit Jahrtausenden in den Tod fesseln, um dort, in der Tiefe des Körpers, das Leben ohne Tod zu finden.

Luc Venet, der dieses Buch zusammenstellte und die Gespräche mit Satprem sammelte, ist seit langem dessen Freund und Mitarbeiter. Als promovierter Mathematiker zog er es dennoch vor, sich in den Dienst einer anderen »Wissenschaft« zu stellen, die in engerer Verbindung mit den tiefen Gründen der Evolution und den Möglichkeiten zur Transformation der Spezies steht. Er führt das *Institute for Evolutionary Research* in New York und widmet sich der Verbreitung von Mutters und Sri Aurobindos Erfahrung in den Vereinigten Staaten.

SATPREM
MIT LUC VENET

DAS LEBEN OHNE TOD

*Auf dem Weg zum Menschen
hinter dem Menschen*

GOLDMANN VERLAG

Deutsche Erstausgabe

Titel der Originalausgabe: La Vie sans Mort
Originalverlag: Éditions Robert Laffont, S. A., Paris

Deutsche Übersetzung von Robert Imhoff,
Institut de Recherches Évolutives, Paris

Made in Germany · 12/87 · 1. Auflage
© der französischen Originalausgabe 1985
by Éditions Robert Laffont, S. A., Paris
© der deutschsprachigen Ausgabe 1988
by Wilhelm Goldmann Verlag, München
Umschlagentwurf: Design Team München
Umschlagfoto: Design Team München
Satz: Institut de Recherches Évolutives
Verlagsnummer: 11813
Lektorat: Michael Görden
Herstellung: Ludwig Weidenbeck
ISBN 3-442-11813-1

*Der Tod muß bezwungen werden,
es darf den Tod nicht mehr geben.
Das ist sehr offensichtlich.*
                          Mutter

*Nicht vom Krebs
müssen wir genesen,
sondern vom Tod.*
                          Satprem

INHALT

Einleitung   9

ERSTER TEIL

SRI AUROBINDO UND MUTTER: DER DURCHGANG WURDE GEÖFFNET

1. Das Problem ist global   17
   - Die Erde   18
   - Der Verstand   20
   - Der Mensch   22
   - Das mentale Prinzip   25
   - Die spirituelle Tradition   28
   - Der Körper   30
   - Die Zukunft   32
   - Die Materie   34
   - Die Schichten des Wesens   37
   - Das Unterbewußte   38
   - Der Tod   46
   - Die einzige Lösung   47

2. Der Hinabstieg in den Körper   53
   - Die Supramentale Kraft   53
   - Die Arbeit   60
   - Die Unwirklichkeit   63
   - Das Hin-und-Her   66
   - Ein noch menschlicher Körper   70
   - Das "Göttliche"   72

Die Transformation des Körpers	74
Der Weg im Dunklen	78
Die Ansteckung	82
Keine Abnutzung mehr	84
Alles führt zum Ziel	86
Die Schlacht der Welt	89
Das Ende der Gewohnheiten	93
Der Widerstand	98
Der erzwungene Abschied	102
Das Ende der Geschichte?	105

ZWEITER TEIL

SATPREM:
WIR WERDEN ES VERSUCHEN

Die Durchquerung	114
Wir werden es versuchen	119
Die doppelte Vertäuung	121
Das Neue	123
Den Tod entwurzeln	131
Das Leben ohne Tod	136
Die neue Macht	138
Ein Bann	142
Das neue Wesen	146
Der Ruf	152
Eine Umwälzung im Körper	154
Die andere Luft	159
Ein automatischer Weg	164
Die Wonne im Körper	167
Eine einfach wahre Welt	171
BIOGRAPHISCHE ANMERKUNG	183
BIBLIOGRAPHIE	186

Einleitung

Der Welt steht eine Änderung bevor — aber vielleicht nicht jene, die wir uns denken. Eigentlich ist die Änderung irgendwo schon geschehen. Wir müssen sie nur noch zur vollen Entfaltung bringen, vor aller Augen. Dieses kurze Buch möchte versuchen, die besonderen Umstände dieser Änderung zu erklären, wie sie sich vollziehen kann und schon vollzieht. Es will keine Methoden, keine Rezepte und keine Spekulationen über das Aussehen der Welt von morgen geben, sondern bestimmte menschliche Aussagen, die jeder anwenden kann, wie er es für gut hält.

Die Änderung, um die es hier geht, ist nicht "äußerlich", mechanisch oder wissenschaftlich, sondern "innerlich" und menschlich. Schließlich muß die menschliche Welt sich ändern — oder vielleicht nur unsere Art, sie zu sehen, zu fühlen und auf sie einzuwirken. Es geht darum, eine andere Lebensweise auf der Erde zu verwirklichen, ein Wesen nach dem Menschen, das sich so drastisch von uns unterscheidet wie wir von unserem Vorfahren dem Affen. Wenn ein solches Wesen auf der Erde erscheinen soll, wird die Weisheit und Einfachheit der Evolution es aus uns entstehen lassen, aus dem, was wir heute sind, und nicht aus irgendeinem verschwommenen mystischen Himmel oder einer Flut von Computern — es muß ein Bindeglied zwischen ihm und uns geben. Wenn wir ohne menschliche Selbstgefälligkeit, sozusagen mit wissenschaftlicher Ehrlichkeit, beobachten und studieren, was wir sind, müßten wir demnach fähig sein, IN UNS SELBST einen Schlüssel zu finden, ein Mittel, diesen Übergang zu vollziehen oder wenigstens einige Schritte auf dem Weg in die Zukunft der Spezies zu tun.

Dieses großartige Abenteuer in die unbekannte Zukunft wurde vor mehr als 70 Jahren von Sri Aurobindo begonnen. Methodisch, sich selbst als Gegenstand des Experiments nehmend, durchdrang er nach und nach die Stufen seines Wesens, seiner eigenen menschlichen Substanz — das was "uns selbst" ausmacht, so einfach und natürlich, daß wir uns nie wirklich damit beschäftigen. Sri Aurobindo hat sich ausführlich damit beschäftigt, hat ausführlich beobachtet, Feststellungen gemacht, ist noch tiefer gedrungen, bis zur äußersten Grenze, zur materiellen Grundlage des Körpers, zu dem, was die Zellen belebt — um zu verstehen, wie ein Mensch wirklich funktioniert. Tag und Nacht, über Jahre und Jahre hinweg habe ich experimentiert, gewissenhafter als ein Wissenschaftler seine Theorien und Methoden auf der physischen Ebene prüft, *erklärte er später. Was bewegt die menschlichen Zellen? Später folgte ihm Mutter, seine Gefährtin, auch dorthin. Auch sie stieg hinab in diesen gefährlichen und ungewohnten Bereich, in dem die Geheimnisse der Funktionsweise des menschlichen Körpers verborgen sind. In diesem "Hinabstieg" liegt die ganze Schwierigkeit, aber auch das Zugangsmittel, das wir suchen. Ihre Beobachtungen und Entdeckungen sind von äußerstem Interesse für jeden, den die Zukunft interessiert. Sie haben in der Tat das Bindeglied, die Brücke in uns gefunden, die das Tor zum nächsten Wesen öffnen kann. Aber leider Gottes ist der Mensch so beschaffen, daß er hauptsächlich Formeln und "Tricks" zur Verbesserung des Alltäglichen sucht. Die Gruppe von Schülern, die Sri Aurobindo um sich gesammelt hatte, um zu versuchen die Früchte seiner Entdeckungen auf andere Menschen zu übertragen, fand es bequemer, einen Gott aus ihm zu machen, und später, nach seinem Hinscheiden 1950, unterzogen sie Mutter der gleichen Behandlung. Warum wollen die Menschen immer vergöttern!* empörte sich Mutter. *Es ist viel besser zu* WERDEN als zu vergöttern. Nur aus Faulheit vergöttert man. *Niemand um Mutter und Sri Aurobindo erkannte wirklich, daß ihre Entdeckungen im menschlichen Körperbewußtsein der Schlüssel zu einer* TATSÄCHLICHEN *Änderung in einen anderen Zustand waren; es bedeutete natürlich, sich selbst in Frage zu stellen, zu akzeptieren, eine unbequeme alte Haut zu verlassen, um eine andere zu finden, die man noch nicht kannte — man kann nicht ernsthaft hoffen ins Neue vorzustoßen, während man sich noch vorsichtig ans Alte klammert. Anstatt Sri Aurobindos fabelhafte Entdeckungen als evolutionäres Ferment auf sich selbst anzuwenden, fand man es zweifelsohne angenehmer, sie ihres universellen Gehalts zu entleeren, um sie auf die Dimension eines menschlichen Dogmas zu stutzen und sein Glück damit zu versuchen, die Grundlage einer neuen Religion daraus zu machen.*

Glücklicherweise wachte eine Gnade, die nicht wollte, daß es so geschieht: Nein, wir brauchen keine neue Religion, sondern müssen wirklich unserem gegenwärtigen menschlichen Leben einen Sinn geben, auf der ganzen Welt; wissen wo wir stehen und wohin wir gehen. Wir brauchen nicht mehr Weihrauch, sondern mehr Weisheit. Wenn wir das wahre Tor der Zukunft auch nur einen Spalt öffnen könnten, würde es die Gegenwart auf einzigartige Weise erleichtern; wir würden vielleicht endlich verstehen, was wir leben, und den Sinn des beunruhigenden Chaos erkennen, welches das derzeitige Leben auf der Erde zu beherrschen scheint.

So kam es, durch reines Glück, daß Mutter einen Menschen finden konnte, der sie verstand, der erkannte, was sie für die Spezies tun wollte. "Verstehen" bedeutete in diesem Fall, nicht nur die Idee einer irdischen Transformation im Prinzip zu akzeptieren, nicht nur ein persönliches Ideal daraus zu machen, das man wie eine Krawatte herumträgt, so wie es die Schüler taten; verstehen bedeutete, das erste Beben von etwas Neuem im eigenen Fleisch zu FÜHLEN *beginnen; es bedeutete, und das ist beängstigend, den Blick auf die eigenen Tiefen zu richten, die nicht immer schön und "göttlich" sind; es bedeutete, in jeder Minute der vierundzwanzig Stunden eine solide und konkrete Gegenwart aufzugeben, um für eine vage und rätselhafte Zukunft Platz zu machen — es bedeutete, sich allem gesunden Menschenverstand zu widersetzen. Dazu muß man etwas verrückt sein, oder von Liebe motiviert. Viele Jahre später erzählte Mutter Satprem: Als ich dich sah, war es wie ... weißt du, etwas das mir sagte: "Der da." Bei Mutter bedurfte es nie vieler Worte und Erklärungen, sie interessierten vor allem die Tatsachen.*

Wie dem auch sei, daß es EINEN Menschen in dieser zweifelhaften Masse von Männern und Frauen in Mutters Gefolge gab, der sie verstand und der akzeptierte, mit ihr ins Abenteuer vorzudringen, hat einen unschätzbaren Wert für uns, die mit der menschlichen Last auf den Armen verbleiben. Niemand kann behaupten, es sei leicht, diese Last zu tragen oder auch nur über sie zu berichten. Vielleicht können die Geheimnisse, die Mutter auf dem Grund der Zellen ihres Körpers entdeckte, uns in unserem täglichen Leben helfen, vielleicht sogar im kollektiven Leben unseres Planeten? Irgendwo mußten diese Geheimnisse nach Mutters Weggehen 1973 LEBEN, irgendwo wirksam bleiben — anstatt nutzlos in neuen Gesetzestafeln niedergelegt zu werden —, ein Mensch mußte sein Herz und sein Fleisch öffnen, um die kleine Flamme lebendig zu erhalten, wie damals in den prähistorischen Höhlen: es bedurfte eines menschlichen Körpers, um dieses Feuer zu bergen. Nun, wir können uns freuen, das Feuer brennt noch auf diesem Planeten — nichts ist verloren. Daß dieser Mensch einen legalen Stand haben mag, in Frankreich geboren wurde (wie Mutter) und westliche Kleidung tragen mag oder nicht, ist relativ unwesentlich — die folgenden Seiten werden das genügend zeigen. Wenn es ihm gelingt, die Geheimnisse, die ihn bewegen, mit seinen Menschenbrüdern zu teilen, wird sich das Gesicht der Erde ändern, es wird eine ganz neue Erde werden oder vielleicht einfach die Befreiung der alten. Aber das hängt auch ein wenig von uns ab.

*
* *

Wiederholen wir nochmals, daß es keine fix und fertigen Formeln und Rezepte geben kann, wenn es um das geht, was das menschliche Leben auf Erden bewegt. Jedes Leben ist verschieden und einzigartig — und das ist gut so. Die folgenden Texte schildern die außerordentliche Erfahrung, die Sri Aurobindo begann, die Mutter fortsetzte und erweiterte und die ein Menschenbruder namens Satprem verkörpert. Diese Texte geben nicht vor, alle menschliche Wahrheit ein für alle Mal erfaßt zu haben; die gewählten Begriffe und Worte könnten vollkommen andere sein, ohne irgendetwas an der Erfahrung zu ändern. Worauf es ankommt, ist die Erfahrung selbst und die Kraft, die in ihr liegt, das Leben auf der Erde zu verändern. Es kann also jeder nach eigenem Gutdünken in diesen Texten schöpfen — und vielleicht einen Leitfaden für sein Leben finden. Schließlich sind die Zellen eines jeden Menschen von identischer Beschaffenheit; sie verbinden den römisch-katholischen Bauern der Pyrenäen mit dem Hindu-Intellektuellen aus Benares, ob beide es nun wissen oder nicht; und da, wo wir nicht immer dieselbe Sprache sprechen, würden sich unsere Zellen vielleicht viel leichter und einfacher zurechtfinden als unser höherer Verstand. Es ist auch möglich, daß ähnliche Erfahrungen an anderen Punkten der Erde, in anderen Breiten und in anderen Sprachen stattfinden, denn wie wir sehen werden, geht es nicht so sehr darum, an dieses oder jenes zu "glauben", sondern zu RUFEN.

*
* *

Fügen wir noch einige Worte zur Begründung der Motivation dessen, der diese Zeilen schreibt, hinzu. Langjähriger Freund von Satprem, dessen Kampf nach Mutters Weggehen er sich anschloß, gab er einen wissenschaftlichen Beruf auf, um sich in den Dienst einer anderen "Wissenschaft" zu stellen, die mehr Einfluß auf das Leben hat und mit den tieferen Gründen der Evolution verbunden ist, anstatt ewig mit Gleichungen zu jonglieren (von denen manche immerhin das Gewicht einer makabren und ... "explosiven" Verantwortung tragen). Wir haben keine Zeit mehr, mit Gleichungen zu spielen. Die Welt wird gerettet werden, indem man zur Wurzel des Schreckens der Welt hinabdringt, nicht durch ein paar mehr "Integrale" oder "Differentialgleichungen".

Hier wollen wir den Leser deshalb zu einer anderen Art von Entwicklung führen. Eine Entwicklung, die zu einer MENSCH-LICHEN *Lösung der uns befallenden Krisen führt — die aber darum nicht weniger "streng" und "wissenschaftlich" objektiv sein wird, heißt es doch, die vorderste Eigenschaft des wissenschaftlichen Geistes sei die Ehrlichkeit.*

L. V.

1. Teil

SRI AUROBINDO
und
MUTTER:

Der Durchgang wurde geöffnet

1 — Das Problem ist global

Sri Aurobindos Leben war in vielen Hinsichten beispielhaft. Der erste Teil, bis zum Alter von ungefähr 40 Jahren, enthielt alles, was ein normales Menschenleben nur enthalten kann, und vielleicht sogar ein wenig mehr.* Der zweite Teil, gänzlich in Pondicherry verbracht, ist in ein schweigendes Mysterium gehüllt, das anscheinend nichts durchblicken läßt. Dennoch interessiert uns hier dieser zweite Teil von Sri Aurobindos Leben, das was in dem stillen Raum auf der ersten Etage des Ashrams geschah, als er dort allein war, den Blick auf die Wand vor sich gerichtet, in einem großen Sessel mit beeindruckenden Armlehnen. Welche Schlachten lieferte er in einem Unsichtbaren, das dennoch unsere Leben formt, welche tiefen Brunnen erforschte er in seinem Wesen, das schon seit langem nicht mehr nur eine kleine individuelle Oberfläche verkörperte? Welche Hoffnung auf neues Leben zog seine Liebe hier herab?

Wenn wir ein wenig verstehen, was er tat, und daß ALLES *in unserer materiellen Welt durch sein unsichtbares, "subtiles" Gegenstück in Bewegung gesetzt wird — man könnte sagen, durch sein Urbild auf der anderen Seite des Spiegels —, dann erkennen wir, daß es genügt, in dieser anderen "Dimension" zu handeln, um* HIER *wirksam handeln zu können, und vor allem erkennen wir, daß* KEINE *materielle Handlung hier wirksam und dauerhaft sein kann, solange die andere, "anderswo" nicht stattgefunden hat — nichts ändert sich je wirklich, wenn es sich nicht* DORT *ändert.*

---

* Siehe biographische Anmerkung im Anhang.

(Sri Aurobindo:) **Wenn ich vom Widerstand der materiellen Welt spreche, meine ich nicht die äußere, sondern die subtile Materie. Es gibt die äußere und die subtile Materie, und wenn ich sage, die Materie ist undurchdringlich, dann bedeutet das, daß die subtile Materie die Wahrheit nicht angenommen hat...** (33.508)*

Folglich war Sri Aurobindos "Zurückgezogenheit" gar keine solche: er arbeitete nur in der einen Materie, die wirklich zählt, da sie die Kraft enthält, das Leben wirklich zu verändern. Wir werden uns deshalb ständig bemühen müssen, uns "anzupassen", um Sri Aurobindo zu folgen; wir müssen ihm intuitiv folgen, bevor wir es konkreter zu tun vermögen, müssen einen Sprung über unsere Verstandeslogik machen (deren Begrenztheit ihres Wirkungsfeldes wir zur Genüge kennen). Schließlich, will man die Dinge von Grund auf ändern, muß man sich entsprechender Mittel bedienen. Die Vernunft und ihre starren Gesetze haben ihren Nutzen, um unsere äußere Welt handhaben und bewirtschaften zu können, aber um die Gesetze zu ändern, muß man zur Wurzel der Gesetze vordringen.

Die Erde

Die Gefahr dieser "unsichtbaren" Welten liegt natürlich darin, daß sie äußerst verlockend sind. Sie sind viel weitreichender und vielseitiger als die uns bekannte oberflächliche Welt, ihre Substanz hat eine unendliche Anpassungsfähigkeit, und vor

---

* Die Zitate von Mutter in diesem Werk sind *Mutters Agenda* entnommen (13 Bände, gesammelt von Satprem, ihrem Hauptgesprächspartner) und durch das Datum der entsprechenden Unterhaltung gekennzeichnet. Die Zitate von Sri Aurobindo sind gekennzeichnet durch die Nummer des Bandes, dem sie entnommen wurden (siehe Liste in der Bibliographie im Anhang), und die Seitenzahl.

allem beinhalten sie ein WIRKLICHES *Handlungsvermögen, wenn man sich ihrer zu bedienen weiß. An und für sich stellen sie also etwas ungeheuer Verlockendes dar, dem schon mehr als einer verfallen ist. Was bedeutet schon unsere arme, vergängliche und ungeschickte Welt vor den unendlichen Perspektiven dieser anderen Welten? Lassen wir diese unvollkommene kleine Kugel driften, wohin sie will — was bedeutet sie schon! —, wir sind in einer ewigen Substanz verwurzelt und für alle Zeiten vor den irdischen Exzessen geschützt.*

Das hinterläßt natürlich einen kleinen Widerspruch: Warum in einem Körper aus irdischer Materie geboren werden, nur um die Erde zu vernachlässigen und in den Wolken zu leben? Wenn wir schon in einem Körper aus materiellen Atomen und Zellen geboren werden, gibt es vielleicht einen Grund? Und vielleicht wird auch nichts wirklich erfüllt, froh und EINS *sein — selbst "da oben" — solange diese Frage nicht eine vollständige, harmonische und* MATERIELLE *Antwort gefunden hat?*

Deshalb warnt uns Sri Aurobindo gleich:

Mich interessiert die Erde, mich interessieren nicht die Welten des Jenseits an und für sich; ich suche eine irdische Verwirklichung und keine Flucht in ferne Gipfel. (26.124)

Und Mutter desgleichen:

Das gibt es auch immer: die Möglichkeit woandershin zu entfliehen. Das haben viele getan: sie sind woandershin gegangen, in andere, mehr oder weniger subtile Welten. Nicht wahr, es gibt Millionen Arten zu fliehen, aber es gibt nur eine zu bleiben, und zwar wirklich Mut und Ausdauer zu haben, alle Anzeichen der Schwäche und des Unverständnisses zu akzeptieren, selbst die Anzeichen der Verneinung der Wahrheit. Akzeptiert man es nicht, dann wird es

sich nie ändern! Jene, die groß, leuchtend, stark, mächtig und so weiter und so fort bleiben wollen, nun, mögen sie dort bleiben, sie können nichts für die Erde tun. (25.9.65)

Und weiter:

Manchmal hat man den Eindruck, daß es ein außerordentliches Geheimnis zu entdecken gibt, daß man es fast in den Fingern hält, daß man Das erreichen wird, wissen wird ... Manchmal, für eine Sekunde, sieht man Das Geheimnis; eine Öffnung ist da, dann verschließt sie sich wieder. Die Dinge entschleiern sich für eine Sekunde, und man weiß wieder etwas mehr. Gestern lag Das Geheimnis vor mir, vollkommen klar und weit offen ... Nun, dieses Geheimnis erkannte ich: in der irdischen Materie, auf der Erde, erlangt das Höchste die Vollkommenheit. (6.5.60)

Der Verstand

Somit ist die Erde unser vorrangiger Interessensbereich: wir suchen eine physische Lösung für das Problem der Welt, aber unsere Mittel, sie zu erreichen, werden spirituell und innerlich sein, denn so allein können die tiefe Ursache der Dinge und die wahren Antriebskräfte des Lebensmechanismus berührt werden:

(Sri Aurobindo:) Die Fehler unseres praktischen Verstandes sind, daß er zu sehr den sichtbaren Tatsachen, die er sofort als wirklich empfinden kann, unterliegt, und ein Mangel an Mut, die logischen Schlußfolgerungen aus den Möglichkeiten tiefgründigerer Tatsachen zu ziehen. Alles was ist, ist die Verwirklichung vergangener Möglichkeiten; gegen-

wärtige Möglichkeiten sind Schlüssel für zukünftige Verwirklichungen. Hier handelt es sich um eine solche Möglichkeit, denn die Beherrschung eines Phänomens beruht auf dem Wissen um seine Ursachen und Abläufe; kennen wir die Ursache von Fehler, Leiden, Schmerz und Tod, können wir mit einiger Hoffnung an ihrer Beseitigung arbeiten. Denn Wissen ist Macht und Beherrschung. Tatsächlich verfolgen wir, soweit wir es können, das Ideal der Beseitigung all dieser negativen und hemmenden Phänomene. Wir versuchen ständig, die Ursachen von Fehler, Schmerz und Leiden zu minimieren. Mit ihrem wachsenden Wissen erhofft die Wissenschaft, die Geburten kontrollieren und das Leben beliebig verlängern zu können, wenn nicht gar den Tod ganz zu besiegen. Aber weil wir nur die äußeren und indirekten Ursachen betrachten, können wir nur hoffen, sie eine gewisse Entfernung von uns wegzuschieben, nicht jedoch die wirklichen Wurzeln dessen, was wir bekämpfen, zu beseitigen. Wir sind derart begrenzt, weil wir indirekten Erkenntnissen folgen und nicht tiefem Wissen, weil wir nur die Abläufe der Dinge kennen, nicht aber ihr Wesen. Deshalb können wir zwar eine wirksamere Einwirkung auf die Umstände erreichen, aber keine eigentliche Beherrschung. Könnten wir die wesentliche Natur und die wesentlichen Ursachen des Fehlers, Leidens und Todes erfassen, dann könnten wir hoffen, sie nicht nur relativ, sondern absolut zu beherrschen. Wir könnten sogar hoffen, sie vollkommen zu beseitigen, und damit den überwiegenden Instinkt unserer Natur rechtfertigen, das vollkommen Gute, Selige, das Wissen und die Unsterblichkeit zu erobern, welche unsere Intuition als die wahren und endgültigen Verhältnisse des Menschen empfindet.
(18.56)

Heute bedarf es wohl kaum mehr einer Erwähnung der Zweifelhaftigkeit der wissenschaftlichen "Wohltaten", die immer gleichzeitig das Gegenteil ihrer Vorzüge in sich zu tragen scheinen, wie einen Todeskeim in ihrem Kern. Vielleicht ist das wahre Problem mit der Wissenschaft überhaupt ihre ungeheure Wirksamkeit — wäre sie nicht so ungeheuer wirksam, hätten die Menschen sie schon lange verworfen und Die Wirklichkeit entdeckt, die sie so gut verbirgt.

(Sri Aurobindo:) Jedermann weiß jetzt, daß die Wissenschaft keine Aussage über die Wahrheit der Dinge ist, sondern nur eine bestimmte Erfahrung der Objekte, ihrer Struktur, ihrer Mathematik, ein zusammenhängender und verwendbarer Eindruck ihrer Vorgänge und nichts mehr. Die Materie selbst ist etwas (vielleicht eine Ballung von Energie?), dessen Struktur wir oberflächlich kennen, so wie sie unserem Verstand und unseren Sinnen und gewissen Meßinstrumenten erscheint (von denen man jetzt vermutet, daß sie großenteils ihre eigenen Ergebnisse bestimmen, indem die Natur ihre Antwort dem jeweiligen Instrument anpaßt), aber mehr als das weiß kein Wissenschaftler und kann es auch nicht wissen. (22.368)

Der Mensch

Lassen wir all unseren vernünftigen Ballast hinter uns und machen uns auf den Weg mit Mutter und Sri Aurobindo. Eine neue Spezies auf der Erde, das ist überhaupt nicht vernünftig. Aber warum schließlich nicht? Sind wir wirklich so verrückt, wenn wir an ein Wesen nach dem Menschen denken? Hat Darwin nicht gezeigt, daß die Arten sich weiterentwickeln, daß eine Art aus einer anderen entsteht? Warum sollte es für die Art Mensch anders sein? Weil er mit einem denkenden und manchmal lästigen Gehirn ausgestattet ist? Weil er sich angewöhnt hat, sich bescheiden ins Zentrum der Schöpfung zu stellen, wie ein absoluter Herrscher, der über seine weniger intelligenten Untertanen, die Natur und ihre Elemente und die Sterne regiert?

(Sri Aurobindo:) Da der Mensch ein denkendes Wesen ist, bildet er sich natürlich ein, daß der Verstand der einzige Gebieter, Vollzieher und Schöpfer des Universums ist oder wenigstens einen unentbehrlichen Faktor darstellt. Aber das ist ein Irrtum; selbst im Bereich des Wissens ist der Verstand weder das einzig mögliche noch das beste Instrument, und auch nicht das einzige, das sucht und Entdeckungen macht. Der Verstand ist ein ungeschicktes Zwischenspiel zwischen dem unermeßlichen und präzisen Wirken der unterbewußten Natur und dem noch unermeßlicheren und unfehlbaren Wirken der überbewußten Gottheit. Es gibt nichts in dem, was der Verstand erreicht, das nicht in einer mentalen Unbewegtheit und in einer Ruhe ohne Denken auch getan und sogar besser getan werden kann. (17.11)

Die Wahrheit ist, daß der Mensch nichts ist, oder nichts nennenswertes, daß er aber WERDEN *kann — eine große Bestimmung steht ihm zu, wenn er nur einwilligt, ein richtigeres Bild von sich selbst und seinem wahren Platz im Universum zu erkennen.*

(Sri Aurobindo:) Für sich alleine ist der Mensch kaum mehr als ein anmaßendes Nichts. Er ist Kleinheit, bemüht um eine Weite und Größe, die ihn übersteigen; ein Zwerg, der sich in die Höhen verliebt hat. Sein Verstand ist ein dunkler Strahl in der Pracht des universellen Mentals. Sein Leben ist

Streben, Überschwang, Leiden, ein kleinlicher Augenblick im universellen Leben, hin- und hergerissen von eiligen Leidenschaften und von Kummer oder einer blinden und stummen Sehnsucht getroffen. Sein Körper ist ein sich plagendes, vergängliches Staubkorn im Universum. Dies kann nicht die Vollendung des mysteriösen Aufschwungs der Natur sein. Es gibt etwas darüber hinaus, etwas, das der Mensch werden soll; durch Risse in der großen Mauer der Beschränktheiten, die seine Möglichkeit und Existenz verneinen, sieht man jetzt nur vereinzelte Teile davon. Eine unsterbliche Seele weilt irgendwo in ihm und gibt einige Funken ihrer Gegenwart von sich; über ihm herrscht ein ewiger Geist und erhält die Kontinuität der Seele seiner Natur. Aber diesem größeren Geist wird der Herabstieg durch die harte Schale unserer fabrizierten Persönlichkeit versperrt, und jene innere leuchtende Seele ist durch dichte äußere Schichten verdeckt, erstickt und erdrückt. In fast allen Menschen ist die Seele selten aktiv, meist ist sie kaum erkennbar. Des Menschen Seele und Geist scheinen eher über und hinter seiner Natur zu bestehen, als daß sie Teil seiner äußeren, sichtbaren Realität wären. Sie sind eher in der Geburt befindlich, als schon in der Materie geboren, sind für das menschliche Bewußtsein eher Möglichkeiten als Dinge, die schon verwirklicht und gegenwärtig sind.

Des Menschen Größe liegt nicht in dem, was er ist, sondern in dem, was er möglich macht. Seine Pracht ist, daß er der geschlossene Ort, die geheime Arbeitsstätte eines lebenden Werkes ist, in dem die Übermenschlichkeit von einem göttlichen Schmied geformt wird. Aber eine noch größere Größe steht ihm offen, denn im Gegensatz zur niederen Schöpfung darf er selbst teilweise Schmied dieser gött-

lichen Veränderung sein; es bedarf seiner bewußten
Einwilligung, seines hingegebenen Willens und
seiner Teilnahme, damit die Herrlichkeit, die den
Menschen ersetzen soll, in seinen Körper herabsteigen kann. (17.8)

Und Sri Aurobindo sagt noch:

Der Mensch ist ein Übergangswesen; er ist nicht
endgültig. Denn im Menschen und hoch über ihn
hinaus steigen die strahlenden Stufen, die zu einer
göttlichen Übermenschheit führen. Dort liegt unsere
Bestimmung und der befreiende Schlüssel unseres
hoffenden, aber getrübten und begrenzten weltlichen
Daseins ... Eine gnostische Übermenschheit ist der
nächste deutliche und triumphierende evolutionäre
Schritt, den die irdische Natur erreichen muß.
Der Schritt vom Menschen zum Übermenschen ist
die nächste kommende Verwirklichung in der Evolution der Erde. Er ist unumgänglich, denn er liegt
sowohl in der Absicht des Inneren Geistes als auch
in der Logik des natürlichen Ablaufes. (17.7)

Das mentale Prinzip

*Dieses neue Bewußtsein, das sich des menschlichen Gefäßes
zu seiner Verwirklichung bedienen soll, nannte Sri Aurobindo
SUPRAMENTAL. Das "supramentale" Bewußtsein soll das
mentale Bewußtsein des gegenwärtigen Menschen ersetzen,
und indem es im irdischen Körper "wirksam" wird (also wirklich die irdische Substanz berührt), wird dieses Bewußtsein
seine eigenen Ausdrucksmittel, Formen und Organe entwickeln, und zwar aus den gegenwärtig bestehenden — es
wird also "Evolution betreiben", genauso wie das Eindringen*

*des mentalen Prinzips vor einigen Millionen Jahren die
Formen und Bedingungen des uns heute bekannten Menschen
bestimmt hat. Sri Aurobindos ungeheures Werk war es, die
Pforten für die Möglichkeit dieses neuen Bewußtseins geöffnet
zu haben, es hierherab "gezogen" zu haben.*

(Sri Aurobindo:) Ich arbeite jetzt daran, das Supramental in das physische Bewußtsein herabzubringen, bis hin zum Submateriellen. Das Physische ist naturgemäß träge und will nicht bewußt werden. Es bietet einen großen Widerstand auf, weil es sich nicht ändern will. Man hat den Eindruck, "in der Erde zu graben", wie die Veden es ausdrücken. Es ist buchstäblich, als müsse man vom Supramental hoch oben bis zum Supramental in der Tiefe graben.
(33.298)

Der Herabstieg des Supramentals bedeutet genau, daß Die Macht als lebende Kraft im Bewußtsein der Erde wirken wird, so wie das denkende Mental und das höhere Mental es schon tun. (26.146)

Wenn ich mir des supramentalen Herabstiegs so gut wie sicher bin (ohne ein Datum festzulegen), dann ist das, weil ich Gründe habe, es zu glauben, nicht aus reiner Hoffnung. Ich weiß, daß der supramentale Herabstieg unabwendbar ist — auf Grund meiner Erfahrung glaube ich, daß der Augenblick dafür jetzt sein kann und soll, nicht in späteren Zeiten.
(26.469)

*Natürlich ist alles immer "schon da", seit aller Ewigkeit, im
Stadium der Potentialität. Wenn es nicht schon im Prinzip
vorhanden wäre, könnte es ja nie existieren. Die Dinge können nicht aus nichts entstehen — aber sie müssen dennoch
einwilligen, einen Zipfel von sich zu zeigen. Wie bringt man*

einen Zipfel des Supramentals auf der Erde zum Vorschein? Es reicht nicht, es zu benennen. Wie macht man ein Prinzip wirksam, das noch nicht wirksam ist; einen neuen, übermentalen Determinismus auf einer Erde, die von einem mentalen Determinismus beherrscht wird, der sehr zufrieden mit sich ist?... Man kann sich nicht vorstellen, was es heißt, wirklich eine Tür zu öffnen, die noch nirgendwo in der Wirklichkeit existiert. Es geht schließlich nicht darum, das "Prinzip" der Tür zu öffnen, sondern tatsächlich die Tür selbst ...

Nun, der erste Schritt ist verständlicherweise, daß der mentale Determinismus aufhört, Determinismus zu sein. Damit der neue ihn ersetzen kann, muß der frühere aufhören, für die Erde bestimmend zu sein. Sri Aurobindo war deshalb, zuerst in sich selbst, gewissenhaft und methodisch auf der Suche nach allem, das durch mentale Tätigkeit "determiniert" oder bedingt war.

Der normale Mensch stellt sich gerne vor, daß seine mentale Tätigkeit auf seinen denkenden Verstand beschränkt ist, und daß eine gewisse Anzahl von mehr oder weniger automatischen (und deshalb bedeutungslosen) nervlichen "Reflexen", die das Herz, die Verdauung, Atmung usw. regeln, den Rest seines nervlichen und empfindsamen Ich ausmachen. Aufbauend auf diesem oberflächlichen Schema, haben uns die spirituellen Traditionen aller Zeiten geheißen, "mentale Stille" zu bewirken, also die höhere mentale Tätigkeit — die Gedanken — zum Stillsein zu bringen, um "das Reich Gottes", die "Befreiung", das "Nirvana" oder was weiß ich noch alles zu erreichen. Und das ist vollkommen richtig, diese spirituellen Traditionen haben hunderttausendmal Recht: die Stille der Gedanken ist ein wunderbares erfrischendes Bad, tatsächlich eine Art "Befreiung"; willkürlich das Getöse, das Tag und Nacht da oben herumtobt, anhalten zu können, bedeutet eine ungeheure Freiheit ... jedoch nur teilweise.

Denn leider löst man damit das Problem nicht. Wenn man genau hinsieht, bleibt im Wesen nach diesem ersten Ergebnis noch ein unkontrollierbarer Schwarm von Emotionen, mehr oder weniger erhabenen Gefühlen, allen möglichen Reaktionen auf die Reize des täglichen Lebens und sogar automatische physische Reflexe, die sich schwer ausmachen lassen, weil sie so winzig und Teil von uns selbst sind: Empfindungen von Kälte, Hitze, Hunger, Schmerz, Freude, Abscheu — eine krabbelnde Welt mit ihren eigenen Gesetzen, mit einem vollständigen Eigenleben, auf die das Denken (oder die Abwesenheit des Denkens) keinerlei Einfluß hat. Kurz, obwohl es so scheint, haben wir die gute alte Menschheit aller Tage überhaupt nicht verlassen. Um sie überschreiten zu können, muß man offensichtlich weiter gehen — oder tiefer.

Die spirituelle Tradition

Mit diesem beträchtlichen Hindernis konfrontiert, das ständig die Festigkeit und Dauerhaftigkeit einer teuer errungenen Realisation in Frage stellte, fanden die spirituellen Traditionen nur eine Lösung: ihre Realisation durch hohe Mauern zu schützen und sich von einem Leben abzutrennen, das entschieden zu sehr dazu neigte, im Menschen Reaktionen hervorzurufen, die dem verfolgten Ideal widersprechen. In einem Kloster, im Himalaja kann man sich bequem "Gott hingeben", sich ausschließlich dem Gegenstand seiner Suche widmen, ohne sich um ein gar zu widersprüchliches Leben sorgen zu müssen.

> **(Mutter:)** Und man kann leicht verstehen, warum die Heiligen, die Weisen, jene die dauernd in dieser göttlichen Atmosphäre bleiben wollten, alles Materielle abgeschafft hatten — denn sie waren nicht transformiert und deshalb fielen sie immer in die alte Seinsweise zurück, und ab einem gewissen Zeitpunkt wird das ... unangenehm. Aber dieses materielle Leben zu transformieren ... ist un-ver-

gleich-lich, unendlich überlegen, insofern als es eine BESTÄNDIGKEIT, ein Bewußtsein und eine außergewöhnliche REALITÄT verleiht. (30.9.67)

(Sri Aurobindo:) Die alten Yogawege haben es nicht geschafft, Geist und Leben zu vereinen; sie haben, im Gegenteil, die Welt verneint und als *maya* [Illusion] oder vorübergehendes Spiel betrachtet ... Gewiß, wir müssen zuerst alle möglichen partiellen Erfahrungen auf der Ebene des Mentals erreichen und das Mental mit dem spirituellen Licht durchfluten und erleuchten; dann aber müssen wir darüber hinaus gehen. Wenn wir nicht darüber hinaus gehen, das heißt zur Ebene des Supramentals, dann können wir das äußerste Geheimnis der Welt nicht erfahren — ihr Problem bleibt ungelöst. Im Supramental verschwindet die Unwissenheit, die am Ursprung der Dualität des Geistes und der Materie liegt — der Widerspruch zwischen der Wahrheit des Geistes und der Wahrheit des Lebens. Dort ist es nicht mehr nötig zu sagen, die Welt ist *maya*. Die Welt ist das ewige Spiel Gottes, die ewige Manifestation des Selbst. Dann wird es möglich sein, Gott vollkommen zu kennen und Ihn vollkommen zu besitzen.
(Brief von Sri Aurobindo an seinen jüngeren Bruder Barin — 7.4.20)

Das Gesetz der Erde muß geändert werden, eine neue Atmosphäre muß geschaffen werden. Es geht nicht nur darum, das Wissen, die Macht usw. zu haben, sondern sie auch herabzubringen; die ganze Schwierigkeit ist, sie herabfließen zu lassen. (33.148)

(Mutter:) Auf dem aufsteigenden Weg ist die Arbeit relativ leicht. Diesen Weg hatte ich schon zu Beginn des Jahrhunderts durchlaufen und eine ständige Be-

ziehung zum Höchsten geschaffen — zu "Dem", das jenseits des Persönlichen und den Göttern und allen äußeren Ausdrücken des Göttlichen ist, aber auch jenseits des Absoluten Unpersönlichen. Darüber kann man nicht reden: man muß selber die Erfahrung haben. Und man muß "Das" herab in die Materie bringen. Dies ist der absteigende Weg, der den ich mit Sri Aurobindo begann, und dort ist die Arbeit immens. (19.5.59)

Der Körper

Man kann das Leben nur ändern, wenn man sich mit dem Leben auseinandersetzt. Den unvollkommenen Körper kann man nur ändern, wenn man akzeptiert, mit Entschlossenheit in ihn einzudringen. Wann hält man denn je auch nur für eine Minute inne, um seinen Körper zu fragen, wie es ihm geht oder auch nur um ihm ein kleines Zeichen freundlicher Anerkennung zu geben, einfach so, ohne Anlaß? Man geht mit ihm, schläft in ihm, sägt Holz und schießt Bogen mit ihm — was ist da weiter dabei! Das ist ganz natürlich: "es" geht.

(*Sri Aurobindo:*) Vormals betrachteten die spirituellen Sucher den Körper mehr als ein Hindernis, etwas das überwunden und abgelehnt werden muß, anstatt als ein Instrument spiritueller Vervollkommnung und ein Feld der spirituellen Änderung. Er wurde als grobe Materie und unüberwindliche Last verdammt, und seine Beschränktheit als etwas Unabänderliches, das die Transformation unmöglich macht. Das liegt daran, daß der menschliche Körper, selbst in seinen Höhepunkten, von einer Lebensenergie getrieben zu sein scheint, die selbst begrenzt ist und in ihren geringeren physischen

Tätigkeiten durch viel Kleinliches, Grobes oder Böses erniedrigt wird; der Körper selbst wird durch die Trägheit und Unbewußtheit der Materie belastet, ist nur teilweise erwacht, und obwohl durch eine nervliche Aktivität beschleunigt und belebt, bleibt er in der fundamentalen Arbeitsweise der Zellen und Gewebe, die ihn ausmachen, und in deren geheimen Abläufen, doch unter-bewußt. (16.7)

Die Bedeutung des Körpers ist offensichtlich: Nur weil er einen Körper und ein Gehirn entwickelt oder bekommen hat, die eine wachsende mentale Erleuchtung empfangen und unterstützen konnten, war es dem Menschen möglich, sich über das Tier zu erheben. Gleichfalls kann er sich nur durch die Entwicklung eines Körpers oder zumindest einer Funktionsweise dieses physischen Instruments, die eine noch höhere Erleuchtung empfangen und unterstützen können, über sich selbst erheben und eine vollkommene göttliche Menschheit nicht nur in Gedanken und in seinem inneren Wesen, sondern im Leben verwirklichen. Sonst ist entweder die Verheißung des Lebens widerrufen, seine Bedeutung vernichtet, und irdische Wesen können *sat-chid-ananda* [das ewige Prinzip: Sein-Bewußtsein-Wonne] nur verwirklichen, indem sie sich selbst auflösen, ihr Mental, Leben und Körper von sich abwerfen und ins reine Unendliche zurückkehren, oder aber der Mensch ist nicht das göttliche Instrument — die bewußte fortschreitende Kraft, die ihn von allen anderen irdischen Lebewesen unterscheidet, hat eine vorbestimmte Grenze und, genauso wie er jene an der Spitze der Evolution abgelöst hat, wird ihn ein anderes Wesen ersetzen und sein Erbe weiterführen. (18.231)

Die Zukunft

Verlassen wir deshalb unsere Klöster und bevorzugten Eilande, um das ganze Leben dort zu ergreifen, wo es sich befindet: auf der Straße, im Büro und überall dort, wo der Körper lebt, geht und atmet. Das Leben ist nicht widersprüchlich; es lebt, das ist alles — es liegt an uns, es zu lieben und zu verstehen. Der Körper, unser Körper, ist das Schlachtfeld der nächsten Spezies. Er ist der evolutionäre Schmelztiegel, in dem Gott Den Menschen schaffen will. Sri Aurobindo sagt uns — beweist uns durch sein eigenes Beispiel —, daß wir an der Bewegung teilnehmen können, ja, sie sogar beschleunigen können. Wir sind eingeladen, an unserer Zukunft teilzunehmen.

(Sri Aurobindo:) Der Mensch, so wie er ist, kann nicht der letzte Schritt dieser Evolution sein: er ist ein zu unvollkommener Ausdruck des Geistes, das Mental selbst ist eine zu begrenzte Erscheinungsform und Werkzeug, nur ein Zwischenstadium des Bewußtseins — das mentale Wesen kann nur ein Übergangswesen sein. Wenn dann der Mensch unfähig ist, das Mental zu überschreiten, muß er übertroffen werden, und das Supramental und der Übermensch werden sich manifestieren und die Führung der Schöpfung übernehmen. Wenn sich aber sein Mental dem, was es übertrifft, öffnen kann, dann gibt es keinen Grund, warum der Mensch nicht selbst das Supramental und die Übermenschlichkeit erreichen sollte, oder zumindest sein Mental, Leben und Körper der Evolution dieser höheren Stufe der Manifestation des Geistes in der Natur zur Verfügung stellt. (19.846)

Werden wir die Einladung an uns vorbeigehen lassen? Das wäre schade, vor allem für uns, denn alles in diesem Universum geht weiter, schreitet immer fort; was stehenbleibt, muß sterben und wieder zu Staub zerfallen.

(Sri Aurobindo:) Ansonsten beschränkt sich das Endergebnis auf die Errungenschaft der Wenigen, die die neue Art von Wesen einleiten, während die Menschheit sich für untauglich erklärt hat und einem evolutionären Rückgang oder einer starren Unbeweglichkeit verfallen mag; denn die stetige aufsteigende Bewegung hat die Menschheit lebend erhalten und ihr ihren Platz an der Spitze der Schöpfung bewahrt. (19.724)

Aber weil die Bürde, die auf der Menschheit lastet, zu groß für die Kleinheit der menschlichen Persönlichkeit, ihre engstirnige Mentalität und kleinlichen Lebensinstinkte ist, weil sie nicht die nötige Änderung vollziehen kann, weil sie sich dieser neuen Mittel und Organisation nur bedient, um ihrem alten vitalen, infraspirituellen und infrarationalen Leben zu nützen, scheint sich das Schicksal der Rasse bedrohlich, fast ungeduldig und sich selbst zum Trotz, einer lang anhaltenden Verwirrung, einer gefährlichen Krise und einer Düsternis von heftig wechselnder Ungewißheit zu nähern — angetrieben vom vitalen Ego und ergriffen von ungeheuren Kräften gleichen Ausmaßes wie die enorme mechanische Lebensorganisation und die wissenschaftlichen Kenntnisse, die die Menschheit entwickelt hat; ein Ausmaß, das für die Handhabung durch ihren Verstand und Willen zu groß ist. Selbst wenn sich dies nur als vorübergehende Phase oder als bloßer Anschein erweisen sollte und eine erträgliche strukturelle Anpassung gefunden wird, die es der

Menschheit erlaubt, ihre ungewisse Reise weniger katastrophal fortzusetzen, so kann das höchstens einen Aufschub gewähren. Denn das Problem ist grundsätzlich und indem sie es aufwirft, konfrontiert die evolutionäre Natur sich im Menschen mit einer kritischen Wahl, die eines Tages im wahren Sinne gelöst werden muß, wenn die Rasse erfolgreich sein oder gar überleben soll. (19.1055)

Die Materie

Enorme Möglichkeiten stehen uns offen; eine wunderbare Zukunft, voller Überraschungen und Freude, bietet sich uns an, wenn wir nur den richtigen Leitfaden unserer Evolution aufgreifen können und den Mut haben, unseren Blick vollkommen sachlich auf uns selbst zu richten.

Unsere Materie, unser Körper ENTHÄLT *bereits alle Wunder und alle Wundertaten, schlummernd sozusagen — wir müssen sie "erwecken" oder ent-decken: sie mit ihrem sonnigen Gegenstück oben in Beziehung setzen. Wir müssen das Göttliche der Tiefe mit dem Göttlichen der Höhe zusammenführen.*

(Sri Aurobindo:) Die Materie, Träger dieser ganzen Evolution, ist anscheinend unbewußt und leblos; aber sie erscheint uns nur deshalb so, weil wir unfähig sind, Bewußtsein außerhalb eines gewissen, uns zugänglichen, begrenzten Bereichs, festen Spektrums oder Ausschnitts zu erkennen. Unter uns liegen tiefere Bereiche, für die wir unempfänglich sind, und wir nennen sie unterbewußt oder unbewußt. Über uns befinden sich höhere Bereiche, die für unsere mindere Natur ein unfaßbares Überbewußtsein darstellen.

Die Schwierigkeit der Materie ist nicht absolute Unbewußtheit, sondern ein getrübtes, durch seine eigenen Bewegungen begrenztes Bewußtsein, das nur verschwommen, stumm und blind seiner selbst bewußt und kaum fähig ist, auf irgendetwas außerhalb seiner Form und Kräfte zu antworten. Schlimmstenfalls ist sie nicht so sehr unbewußt als nichtwissend. Das Erwachen eines größeren und größeren Bewußtseins in diesem Nichtwissen ist das Wunder des materiellen Universums ... In jedem Teilchen, Atom, Molekül, in jeder Zelle der Materie lebt versteckt und arbeitet unbekannt die ganze Allwissenheit des Ewigen und die ganze Allmächtigkeit des Unendlichen. (17.14)

**Die Involution überbewußten Geistes in unbewußter Materie ist das Geheimnis unserer sichtbaren und augenscheinlichen Welt, und die Evolution dieses Überbewußtseins aus der unbewußten Natur ist das Schlüsselwort zu dem Rätsel der Welt. Das Erdenleben ist die selbsterwählte Wohnstätte einer großen Gottheit, und ihr ewiger Wille ist, es von einem blinden Gefängnis in ein prachtvolles Gebäude und einen himmelreichenden Tempel zu verwandeln.
... Bevor es eine Evolution geben kann, muß es notwendigerweise eine Involution des Göttlichen geben. Sonst wäre es keine Evolution sondern eine Folge von Schöpfungen neuer Dinge, die nicht im ihnen Vorangegangenen enthalten waren und nicht dessen unabwendbare Folge oder Abläufe der Entwicklung sind, sondern beliebig gewollt oder wunderbarerweise durch einen unerklärlichen Zufall geschaffen wurden — eine stolpernde Kraft oder ein außenstehender Schöpfer...
Der langandauernde Vorgang der irdischen Entstehung und Schöpfung, das unbestimmte Wunder**

des Lebens, der Kampf des Mentals, in anscheinend unermeßlicher Unwissenheit aufzutauchen und dort als Deuter, Schöpfer und Herrscher zu walten, und schließlich die Anzeichen von etwas Größerem, das von den endlichen Wundern des Mentals zu den unendlichen Wundern des Geistes weiterführt, sind kein bedeutungsloses Ergebnis eines kosmischen Zufalls mit seinen unendlichen kombinatorischen Möglichkeiten; sie sind nicht das zufällige Zusammenspiel blinder materieller Kräfte. Diese Dinge sind und können nur sein, weil etwas Ewiges und Göttliches in der Energie und Form der Materie verborgen liegt.

Das Geheimnis der irdischen Evolution ist das langsame und fortschreitende Freisetzen dieses latent innewohnenden Geistes, das mühsame Hervortreten von Etwas oder Einem, der mit all seinen potentiellen Kräften schon in der ersten formalen Grundlage einer Trägersubstanz enthalten ist und dessen langsam zutagetretendes größeres Tun in der ursprünglichen Ausdruckskraft der Materie verschlossen ist.

... Weil dieser unendliche Geist und diese ewige Gottheit hier in dem Ablauf der materiellen Natur verborgen liegt, ist die Evolution einer Kraft jenseits des Mentals nicht nur möglich, sondern unumgänglich ... Wäre ein begrenzter, experimentierender, außenstehender Schöpfer der Erfinder dieses Universums, dann gäbe es keinen Grund, warum er nicht, befriedigt mit der Findigkeit seiner Arbeit, beim Mental abbrechen sollte. Da die Gottheit nun aber hier verborgen liegt und nach und nach hervortritt, ist es unumgänglich, daß all ihre Kräfte nacheinander zum Vorschein kommen, bis ihre volle Pracht verkörpert und sichtbar geworden ist. (17.17)

Die Schichten des Wesens

Es ist somit die Arbeit des Pioniers, in den Schichten seines Wesens "zu graben", um sie, eine nach der anderen, mit dem Frieden, dem Licht, der Freude in Berührung zu bringen — mit der reinen Luft über dem Wasserspiegel. Zuerst in allen intellektuellen-mentalen Tätigkeiten in sich; weiter in den Schichten seiner Gefühle, Begierden und affektiven Reaktionen aller Arten (das was Mutter und Sri Aurobindo das Vital nennen); und dann in dem unglaublichen Magma winzig kleiner körperlicher Reaktionen, die so "natürlich" und automatisch sind, daß wir sie nie beachten (obwohl sie das ursprüngliche Gewebe unseres täglichen, physischen Daseins bilden: "auf der Treppe muß ich langsam gehen, sonst werde ich stürzen", "paß auf die Teppichfalte auf, da, vor dir, das reicht, um sich ein Bein zu brechen", "wenn ich den Hang zu schnell besteige, werde ich außer Atem geraten; wenn ich zuviele Verabredungen mache, werde ich mich ermüden; wenn ich länger als eine Stunde in der Sonne bleibe, werde ich einen Sonnenbrand bekommen ..." usw. usw. — nichts oder fast nichts ist spontan in unserem Leben, alles ist wie im voraus "genehmigt" oder nicht, von einem immerwährenden, ängstlichen, mißtrauischen und brummenden Zwerg, der irgendwo in unserem Wesen nistet; man muß diesen Zwerg auf frischer Tat ertappen, um es glauben zu können — Mutter nannte ihn das "physische Mental".

(Mutter:) Die ganze letzte Zeit stand ich vor einem Problem, so alt wie die Welt, das eine außergewöhnliche Dringlichkeit annahm. Und zwar, im materiellsten physischen Bewußtsein, das was Sri Aurobindo *"disbelief"* [Unglauben] nennt — das ist nicht Zweifel (Zweifel ist vor allem Sache des Mentals), es ist fast wie die Verweigerung, das Offensichtliche gelten zu lassen, sobald es sich

der kleinen täglichen Routine der gewöhnlichen Empfindungen und Reaktionen entzieht: eine Art Unfähigkeit, Außergewöhnliches gelten zu lassen oder anzuerkennen. Dieser *disbelief* ist die Grundlage im Bewußtsein. Und dann wird es begleitet von ... (man würde es "Gedanken" nennen, aber das ist ein großes Wort für etwas ganz Gewöhnliches) von einer physisch-mentalen Tätigkeit, die einen an Dinge "denken" läßt und immer alles in einer Weise vorhersieht, sich einbildet oder darauf schließt (das wechselt von Fall zu Fall), die ich DEFÄTISTISCH nenne; das heißt, es bringt immer automatisch den Gedanken an alles, das schief gehen kann. Und das in einem äußerst bodennahen Bereich, im ordinärsten, beschränktesten, banalsten Leben: es geht um's Essen, die Bewegungen ... kurz, die banalsten Dinge. Im Bereich des Denkens ist das recht leicht zu steuern und zu beherrschen, aber diese Reaktionen von ganz unten ... sie sind so winzig, daß es einem schwer fällt, ihrer überhaupt gewahr zu werden. (13.12.60)

Das Unterbewußte

Schließlich trifft der Pionier auf ein finsteres Gebiet, voller Gefahren und Unliebsamkeiten, weit wie ein Ozean, ein bodenloser Sumpf; es bedeutet die wahre Schwierigkeit der physischen Transformation in eine andere Spezies: das Unterbewußte.

(*Sri Aurobindo:*) Man muß Jahr für Jahr, Punkt für Punkt weiterarbeiten, bis man einen zentralen Punkt im Unterbewußten erreicht. Den gilt es zu überwinden, er ist der Kern des ganzen Problems und deshalb äußerlich schwierig ... Dieser Punkt des Unterbewußten ist der Samen und er wird fortwährend weiter keimen, bis man ihn ausmerzt. (34.180)

Dort gibt es kein Licht, keine höheren Erleuchtungen, kein Göttliches. Dort sind alle ohne den geringsten Unterschied gleichgestellt, der Christ wie der Buddhist wie der Religionslose: alle stecken mit beiden Füßen fest im Schlamm. Es ist ein unbeschreiblicher Ort, denn es enthält ALLES. *Es ist unsere Grundlage, der Boden, auf dem die menschliche Spezies seit Jahrtausenden und Jahrtausenden gewachsen ist. Es stammt nicht von heute und nicht einmal vom Mittelalter, es besteht seit Jahrmillionen und wir haben das zweifelhafte Privileg, unsere Wurzeln dorthinein zu tauchen und, Leben für Leben, unseren persönlichen Beitrag hinzuzufügen. Tagein, tagaus sammelt es sorgfältig und in seiner eigenen Sprache die Eindrücke unserer Taten und Gesten, seien sie bewußt oder unbewußt. Fast alle unsere Nächte verbringen wir dort, ohne uns daran zu erinnern.*

(Sri Aurobindo:) Das Unterbewußte enthält all die Reaktionen auf die Reize des Lebens, die kämpfen, um als langsam entstehendes, sich entwickelndes Bewußtsein aufzukommen; es enthält sie nicht in Form von Ideen, Erkenntnissen oder bewußten Reaktionen, sondern als etwas wie die flüssige Substanz dieser Dinge. Darüber hinaus prägen sich alle unsere bewußten Erfahrungen diesem Unterbewußten ein, nicht als genaue Erinnerungen, sondern wie dunkle Eindrücke, dennoch hartnäckig und jederzeit bereit, als Träume oder als mechanische Wiederholungen von vergangenen Gedanken, Gefühlen und Handlungen wieder hervorzutreten, als "Komplexe", die plötzlich in Form von Taten oder Ereignissen hervorbersten usw. Das Unterbewußte ist der wesentliche Grund, daß sich alles immer wiederholt und nichts sich ändert, außer dem Anschein nach. Wegen ihm nennt man den menschlichen Charakter unwandelbar; es ist auch verantwortlich für das ständige Wiederkehren von Schwierigkeiten, die man hoffte, lange in sich beseitigt zu haben. Alles ist als Keim in ihm enthalten, selbst alle *samskara* [Eindrücke] des Mental, Vital und Körpers; es ist die Hauptstütze von Tod und Krankheit, auch die (scheinbar unbezwingbare) äußerste Festung der Unwissenheit. Alles was unterdrückt wird, ohne vollkommen beseitigt zu werden, taucht dort unter und weilt als Same, bereit, bei der geringsten Gelegenheit wieder an die Oberfläche zu treten oder zu keimen. (32.247)

(Mutter:) Völlig im Unterbewußten und ein Unterbewußtes ... oh! zum Verzweifeln schwach, banal und ... (wie kann ich sagen?) so vielem unterworfen — ALLEM unterworfen. Oh! Nacht um Nacht, Nacht um Nacht läuft das vor mir ab, damit ich es sehe. Oh! die Nacht von gestern, unbeschreiblich. Und es geht weiter, man hat den Eindruck, das kennt keine Grenzen. Der Körper spürt natürlich die Folgen, der arme Kerl! Das ist sein Unterbewußtes, aber nicht persönlich — es ist persönlich und nicht persönlich: es wird persönlich, sobald es in ihn eindringt.
Man kann sich nicht vorstellen, wieviele Eindrücke man in sich aufnimmt und die dort angesammelt bleiben. Man hat es äußerlich nicht einmal bemerkt — das wache Bewußtsein bemerkt nichts davon, aber es kommt, kommt, kommt, sammelt sich an — abscheulich! (18.2.61)

Solange "das" dort bestehen bleibt, kann es keine wahre Freiheit geben, keine göttliche Spezies auf der Erde und keine Hoffnung auf Transformation. Ein neuer Mensch, das heißt neue Wurzeln und eine neue Grundlage. Es ist eine vollkommene Illusion — die Illusion aller spirituellen Traditionen —, eine Neue Erde und einen Neuen Menschen herbeizurufen, während man schamhaft die Augen von dieser unmöglichen Kloake abwendet. (Man kann diese spirituellen Traditionen zwar verstehen, aber dann versteht man auch, warum sich auf der Erde und im Menschen seit dem Aufkommen der großen Religionen nichts wirklich geändert hat: man hat das wahre Problem immer vorsichtig umgangen.)

(Sri Aurobindo:) Es ist eine herkulische Arbeit. Wenn man dort eindringt, trifft man auf eine Art unerforschter Kontinent. Andere Yogis waren bis zum Vital hinabgedrungen. Hätte man mir dies vorher gezeigt, wäre ich wahrscheinlich weniger enthusiastisch gewesen ... (31.196)

Nun, die Wahrheit ist, man muß AUCH dort hinabdringen und siegen. Das ist das wahre Werk und das Wunder von Mutter und Sri Aurobindo.

(Sri Aurobindo:) Was Mutter und mich angeht, mußten wir allen Wegen folgen, alle Methoden versuchen, Berge von Schwierigkeiten überwinden, eine weit schwerere Last tragen als du oder sonst wer im Ashram oder außen, wir hatten weit schwierigere Bedingungen, Schlachten zu kämpfen, Wunden zu ertragen, Pfade durch undurchdringliche Sümpfe, Wüsten und Wälder zu schlagen, feindliche Horden zu besiegen — eine Arbeit, von der ich sicher bin, daß niemand vor uns sie je zu leisten hatte. (26.464)

Ich hatte mein volles Maß dieser Dinge und Mutter hatte zehnmal das ihre. Aber das war, weil die Entdecker des Weges diesen Dingen standhalten mußten, um zu siegen. Keine der Schwierigkeiten, die den *sadhak* [Schüler] treffen, ist uns nicht schon auf dem Weg begegnet; gegen viele mußten wir Hunderte Male kämpfen (eigentlich ist das eine Untertreibung), bevor wir sie überwinden konnten; viele bleiben noch und protestieren, daß sie das Recht dazu haben, bis die vollkommene Vollkommenheit erreicht ist. Aber wir haben niemals akzeptiert, ihre unumgängliche Notwendigkeit für die anderen anzuerkennen. In der Tat, damit der Pfad für die anderen zukünftig leichter sei, haben wir diese Last getragen. (26.465)

Und Sri Aurobindo fügte noch hinzu:

Aber es ist weder nötig noch zulässig, daß all das zur Gänze in der Erfahrung anderer wiederholt werden sollte. Weil wir die vollständige Erfahrung haben, können wir den anderen einen direkteren und leichteren Weg zeigen — wenn sie nur einwilligen, ihn zu nehmen. (26.464)

Und Mutter, unbezwingbar, stieg auch zum Boden des Lochs hinab:

Was mir jede Nacht vor Augen kommt, ist schrecklich. Schrecklich. Es ist als wollte man mir unbedingt meine Arbeit vergällen. Dieses Unterbewußte ist wirklich eine Masse des Schreckens.
... Man hat den Eindruck, daß es bodenlos und ohne Grenzen ist, daß es immer neue Verbindungen geben wird, die alle wieder genauso schrecklich sind. Aber das ist nicht wahr. Es ändert sich. Es ändert sich ... Aber ... oh! welche harte Arbeit. Und undankbar. Undankbar, weil man glaubt, man hat das Ende von etwas erreicht (man glaubt es nicht, denn man kennt es! aber man hofft es wenigstens), und dann

kehrt es in einer anderen Form wieder zurück, die noch schlimmer erscheint als die vorhergehende. (3.11.62)

Ich weiß nicht, ob es jetzt die letzte Schlacht ist, aber es ist sehr tief hinabgedrungen, in das am wenigsten Erleuchtete in den Zellen: das was noch am meisten der Welt des Unbewußten und der Trägheit angehört, das was der Göttlichen Gegenwart am fremdesten ist. Sozusagen die erste Substanz, die vom Leben berührt wurde, die aber unfähig scheint, einen Grund für dieses Leben zu fühlen oder zu erfahren ... eine Identifikation mit der Welt im allgemeinen, mit der Erde in ihrer Gesamtheit. Ein absolut schrecklicher Zustand, zum Verzweifeln: etwas ohne Sinn, ohne Ziel, ohne Grund zu sein, ohne Freude an sich, ohne ... schlimmer als unangenehm, es ist *meaningless* [sinnlos] und fühlt nichts. Es hat keinen Grund zu sein, aber es ist. Das war ... eine schreckliche Situation.
Ich habe den Eindruck, es ist dem Boden des Lochs sehr nah.
... Und das ist die Grundlage, das Fundament des ganzen Materialismus. (21.8.63)

Man muß das "Tiefe" reinigen, damit das "Hohe" einwilligt, dort hinabzusteigen und sich dort zu verkörpern.

(Sri Aurobindo:) Nein, nicht der höchste Himmel beschäftigt mich — ich wünschte es wäre so! Es ist eher das entgegengesetzte Ende der Dinge; in den Abgrund muß ich mich stürzen, um eine Brücke zwischen den beiden zu bauen. Aber auch das ist notwendig für meine Arbeit und es muß überwunden werden. (26.153)

Die Überbrückung kann auch explosiv sein, denn Das Licht duldet kein einziges Staubkorn auf seinem Weg: alles, was es berührt, muß seine Licht-Natur widerspiegeln. Das geringste Hindernis (oder unvollkommen gereinigte Element) reagiert mit Heftigkeit, wie verletzt durch die Wirkung des ungewohnten Strahls. Das Ergebnis im Wesen oder in den umgebenden Wesen — oder selbst in der Umwelt — kann Ausmaße einer richtigen Katastrophe annehmen.

(*Sri Aurobindo:*) Der Versuch, eine große, allgemeine Herabkunft zu erreichen, hat nur einen großen, allgemeinen Aufstieg von unbewußtem Schlamm bewirkt, und ich habe das aufgegeben ... Gegenwärtig bemühe ich mich lediglich zu verhindern, daß die Leute sich wie hysterische und unbewußte Idioten benehmen, damit ich nicht zu sehr bei meinen Tätigkeiten gestört werde — ohne viel Erfolg, bis jetzt. (32.389)

(*Mutter:*) Diese Kraft, von der ich sprach [der "fürchterliche Druck, den gewünschten Fortschritt zu erreichen"], schien wie ein Bohrer tiefer und tiefer einzudringen, bis zum Unterbewußten. Im Unterbewußten gibt es ... Unglaubliches — Unglaubliches. Das geht tiefer und tiefer ... ZWINGEND. Und da schreit das menschliche Unterbewußte sofort: "Oh, noch nicht! Noch nicht! Nicht so schnell!" Dagegen muß man kämpfen. Es ist ein allgemeines Unterbewußtes. (12.4.72)

Vielleicht ist es das, was wir überall um uns sehen?

(*Sri Aurobindo:*) Die Dinge stehen schlecht, werden schlechter und können jederzeit zum Schlechtesten übergehen oder schlechter werden als das Schlechteste, wenn das möglich ist — alles, wie paradox

auch immer, scheint in der heutigen gestörten Welt
möglich zu sein. Man muß verstehen, daß all dies
notwendig war, weil gewisse Möglichkeiten aufkommen und beseitigt werden mußten, damit eine
neue und bessere Welt überhaupt entstehen kann —
es hätte nichts genützt, diese Dinge auf später zu
verschieben. Es ist wie im Yoga, wo gewisse aktive
oder latente Teile des Wesens aktiv ans Licht
gebracht werden müssen, damit man sich mit ihnen
auseinandersetzen und sie beseitigen kann, oder
Dinge, die aus der Verborgenheit der Tiefe gezogen
werden müssen, um sie auf diese Weise zu reinigen
... Man muß sich auch vergegenwärtigen, daß die
neue Welt, deren Kommen wir anstreben, nicht aus
dem gleichen Stoff wie die alte bestehen und sich
nur im Muster von ihr unterscheiden soll, und daß
sie durch andere Mittel kommen muß: von innen,
nicht von außen. Am besten beschäftigt man sich
nicht allzusehr mit den bedauerlichen Geschehnissen
außen, sondern damit, selber im Innern so zu wachsen, daß man für die neue Welt bereit ist, welche
Form sie auch nehmen wird. (Brief vom Juli 1948 –
24.1611)

*Aber, wird man sagen, warum muß man diesem schrecklichen
Unterbewußten entgegentreten? Warum kann man diesen niederen und vulgären Dingen gegenüber nicht ein "yogisches"
Lächeln bewahren, sie wohlwollend betrachten — von oben
— und sie mit einer Zange aus "höherem" Wissen und Kräften
handhaben? Warum muß man sich die Finger schmutzig
machen? Satprem hatte nicht versäumt, diese Frage an Mutter
zu richten:*

**(Satprem:) Aber muß man denn auf die gleiche
Ebene wie diese unterbewußten Dinge hinabsteigen?
Kann man nicht von oben agieren?**

(Mutter:) Von oben agieren, mein Kind, seit mehr als dreißig Jahren agiere ich von oben! Aber das ändert gar nichts — das ändert ... das transformiert nichts.

Man muß also auf diese Ebene hinabsteigen?

Ja. Sonst kann man die Dinge zwar festhalten, sie reglos halten, verhindern, daß sie unangenehme Initiativen ergreifen, aber das bedeutet nicht ... Transformieren heißt transformieren.
Solange es selbst um eine Beherrschung geht, kann man das von oben erreichen, sogar sehr leicht. Aber für die Transformation muß man hinabsteigen; und das ist schrecklich ... Sonst würde es nie transformiert werden, es würde bleiben, wie es ist.
Nicht wahr, man kann selbst den Schein geben, Übermensch zu sein! *(Mutter lacht)* Aber es bleibt so *(Geste in der Luft)*, das ist nicht die nächste Stufe der irdischen Evolution. (18.2.61)

Der Tod

Schließlich trifft man im Unterbewußten auf den Feind von Immer, jener, der seit Urzeiten alle unsere menschlichen Bemühungen kontert, der uns trotz all unserer Gebete die Flügel und Träume mitten im Flug abtrennt: der Tod. Der Tod, er träumt nicht — davon werden wir noch sprechen.

(Sri Aurobindo:) Auf das Leben drückte der bedrängende Finger des Todes. (28.203)

Der Tod ist die ständige Frage der Natur an das Leben, um es zu mahnen, daß es sich noch nicht gefunden hat. (16.386)

(Mutter:) **Wegen dem physischen Tod ist das Unterbewußte so defätistisch. Nicht wahr, das Unterbewußte hat den Eindruck, daß, was immer der Fortschritt, was immer die Anstrengung, in jedem Fall wird es so ausgehen — denn bis jetzt ist es immer so ausgegangen.** (22.12.71)

Im Grunde genommen, solange es den Tod gibt, werden die Dinge immer schlecht ausgehen. (13.11.63)

Das ist fast wie DIE Frage, die man mir zu lösen gegeben hat. (28.9.63)

Die einzige Lösung

Das Problem ist somit klar: es ist global. Man darf nichts beiseite lassen, nichts darf im Schatten bleiben, kein Staubkörnchen, ob klein oder groß; ALLES muß aufgegriffen werden, die Frage der Welt in ihrem gesamten Umfang, sonst wird nichts erreicht und nichts kann transformiert werden.

Mutter und Sri Aurobindo hatten das Problem deutlich erkannt und verstanden sein Ausmaß und wie tief seine Wurzeln sich erstrecken. Aber könnten sie die Welt alleine transformieren, eine Wandlung der Spezies beschleunigen, indem sie symbolisch in sich selbst hinabstiegen, da im Grunde doch alles verbunden ist? Und welche "Katastrophen" würden sie auslösen, dadurch daß sie Ordnung in diese unverbesserliche alte Unordnung bringen wollten; welche untergründigen Ausbrüche würde das supramentale Licht verursachen, das Sri Aurobindo Tag für Tag in seinen Körper zog? Man rührt nicht leichtfertig an die Fundamente des Lebens. Gingen sie nicht zu schnell? War die Welt bereit für eine derartige Veränderung? Aber die Welt ist NIE bereit sich zu ändern, das ist das Problem! Es bedarf eines Mindestmaßes an Initiative unsererseits, an Glauben an die Zukunft: wir müssen den Stier bei den Hörnern packen, komme was wolle. Wir haben die Wahl zwischen einem langsamen Zerfall, den wir nur zu gut kennen, und einer unbekannten Zukunft, die aber voller angenehmer Überraschungen sein kann, wenn man nur darauf achtet, bei jedem Schritt sein Vorhaben unter den Schutz der Gottheit, die das Universum lenkt, zu stellen. Es scheint jedenfalls, daß es von Anzeichen auf allen Seiten nur so wimmelt: die Zeit der Veränderung ist gekommen. Es liegt an uns, die Zeichen zu erkennen und uns an die Arbeit zu machen, still und jeder in seinem Winkel der Erde.

Mutter und Sri Aurobindo begaben sich auch an die Arbeit. Dieser "Sprung" in den Körper, in das materielle Bewußtsein, in das Bewußtsein der Körperzellen (die Zellen haben ein "Bewußtsein", ihre besondere Seinsart, sonst könnten sie nicht existieren), würde alle Zeit beanspruchen, die die Schüler ihnen liebenswürdigerweise ließen. Die Schüler waren offensichtlich auch Teil des "Problems" — alles hängt zusammen.

> *(Sri Aurobindo:)* Ich empfinde ein großes Verlangen, daß die Schüler frei von all diesen Streitigkeiten und Zweifeln sein sollten; solange der gegenwärtige Stand der Dinge andauert und überall Feuer dieser Art wüten und die Atmosphäre in Aufruhr ist, wird die Arbeit, die ich verrichten möchte (sicherlich nicht um meiner selbst willen oder für irgendeinen persönlichen Zweck), immer in Gefahr schweben, und ich sehe nicht, wie die Herabkunft, um die ich mich bemühe, sich erfüllen kann. So wie es steht, müssen die Mutter und ich neun Zehntel unserer Energien aufwenden, um Streitigkeiten zu beschwichtigen, die Schüler leidlich zufrieden zu erhalten usw. ... Nur ein Zehntel, und bei der Mutter nicht einmal das, kann der eigentlichen Arbeit gewidmet werden. Das ist nicht genug. (26.489)

Zuerst stieg Sri Aurobindo in den Körper hinab, dann, nach seinem Weggehen, auch Mutter. Man kann sich nicht vorstellen, was für ein "Opfer" das bedeutet. All die Lichter, die man "oben" so teuer erlangt hat, all die Seligkeiten und höheren "Kräfte" werden automatisch wieder in Frage gestellt, zunichte gemacht durch das noch ungeformte Medium, in das man hinabsteigt. Man muß alles wieder neu erlernen. Es gibt keine Visionen mehr, keinen spirituellen Höhenflug, keine Verinnerlichung: man muß die Gesetze der Materie voll und ganz auf sich nehmen, um sie ändern zu können.

(Sri Aurobindo:) Am Physischen zu arbeiten, ist wie in der Erde zu graben: das Physische ist vollkommen inert, tot wie ein Stein. Als die Arbeit daran begann, verschwanden all die früheren Energien, die Erfahrungen hörten auf, oder wenn sie kamen, dauerten sie nicht an. Der Fortschritt hier ist äußerst langsam. Man steigt, man fällt, steigt wieder und fällt wieder, und ständig trifft man auf die Suggestionen der vedischen *asuras* [Teufel]: "Du bist unfähig, du bist zum Scheitern verdammt." (34.179)

Mutter und Sri Aurobindo hatten alles zu verlieren, indem sie sich einer Substanz, die allem, was sie verkörperten, so entgegengesetzt war, derart hingaben — und sie haben tatsächlich alles verloren ... um für die Spezies alles zu gewinnen.

(Mutter:) Es ist eine äußerlich sehr bescheidene Arbeit, die keinen Lärm um sich macht. Da gibt es keine Erleuchtungen, die euch mit Freude erfüllen ... All das ist gut für Leute, die spirituelle Freuden suchen — es gehört der Vergangenheit an.
... All die Kräfte, all die *siddhis*, all die Verwirklichungen, all diese Dinge sind ... ein großer Zirkus — der große spirituelle Zirkus. Nicht das hier! Es

ist sehr bescheiden, sehr bescheiden, sehr unscheinbar, sehr einfach, es macht kein Aufsehen. Es bedarf der Arbeit von Jahren und Jahren und Jahren, in aller Ruhe und Stille, mit größter Vorsicht, bevor das etwas Sichtbares, ein greifbares Resultat ergibt, bevor irgendetwas erkenntlich wird, selbst für das individuelle Bewußtsein [von Mutter]. Und wenn jene, die es schnell haben wollen, in diesem Bereich versuchen schnell voranzukommen, dann verlieren sie das Gleichgewicht. (28.8.62)

Ich weiß genau (weil ich selbst die Erfahrung hatte), wenn man sich damit begnügt, ein Heiliger oder ein Weiser zu sein, geht alles gut, solange man nur die richtige Haltung bewahrt: der Körper wird nicht krank, und selbst wenn er angegriffen wird, kommt er sehr leicht wieder auf die Beine, alles geht bestens ... SOLANGE MAN NICHT DIESEN WILLEN DER TRANSFORMATION HAT. Die Schwierigkeiten entstehen aus dem Protest gegen den Willen zur Transformation. Solange man sagt: "Gut, ist schon recht, mögen die Dinge bleiben, wie sie sind, das ist mir absolut gleich, ich bin vollkommen glücklich und in Wonne", da bleibt der Körper zufrieden! Dies ist das Problem: etwas ganz und gar Neues wird in diese Materie hineingebracht, und da protestiert der Körper natürlich. (15.7.61)

Aber, weißt du, die Transformation, das ist kein Scherz. Gestern hatte ich so deutlich den Eindruck, daß ALLE Konstruktionen, alle Gewohnheiten, alle möglichen Ansichten, alle gewöhnlichen Reaktionen zusammenbrechen — vollständig. Ich schwebte in etwas ... ganz und gar Anderem, etwas ... Ich weiß nicht. Und wirklich mit dem Eindruck, daß alles was man erlebt, gelernt, getan hat, alles eine voll-

kommene Illusion ist — das war mein Erlebnis gestern abend.
Es ist eine Sache, wenn man die spirituelle Erfahrung hat, daß das materielle Leben eine Illusion ist (manche Leute empfinden das als schmerzhaft — ich fand das so herrlich schön und freudig, daß es eine der schönsten Erfahrungen meines Lebens war), aber hier wird die ganze spirituelle Konstruktion, in der man lebte ... zu einer vollkommenen Illusion! — nicht dieselbe Illusion, sondern eine viel schwerwiegendere ... Und ich bin kein Kleinkind mehr, ich bin seit 47 Jahren hier! Und seit ... sicherlich an die 60 Jahre mache ich ein bewußtes Yoga, mit allem was die Erinnerung — die Erinnerung eines unsterblichen Lebens — einem bringen kann, und schau, wo ich jetzt bin! (27.3.61)

Es ist eine langsame, gründliche Arbeit, in der jede Zelle, jedes Atom einzeln berührt und erobert werden muß.

(Sri Aurobindo:) Die physische Schicht ist etwas sehr Hartnäckiges, man muß sie im Detail bearbeiten. Man arbeitet an einem Punkt und glaubt, es ist getan; dann kommt etwas anderes auf und alles muß von vorne begonnen werden. Es ist nicht wie im Mental und Vital, wo man eine allgemeine Gesetzmäßigkeit aufstellen und die Einzelheiten beiseite lassen kann; das Physische ist nicht so: es bedarf konstanter Geduld und Sorgfalt. (33.309)

(Mutter:) Wenn man sich auf den rein psychologischen Standpunkt stellt, geht alles relativ leicht und schnell, aber wenn es um das hier geht *(Mutter berührt ihren Körper)*, die äußere Form und sogenannte Materie, oh! Das ist eine ganze Welt! Jede Lektion ... das ist wie Lektionen, die einem gegeben

werden, sehr interessant! Lektionen mit allen Folgen
und Erklärungen. Man verbringt einen Tag, zwei
Tage, um eine winzig kleine Entdeckung zu machen.
Und dann sieht man, daß nach diesem Tag oder
diesen Stunden der Arbeit das Licht im Körperbewußtsein gegenwärtig ist, etwas hat sich geändert
— es ist anders, die Reaktionen sind nicht mehr die
gleichen, aber — *(Mutter deutet an, daß es eine
ganze Welt von Arbeit ist).* (30.8.67)

*Bleibt noch zu wissen, wie man es anstellt, um in einen
Körper hinabzusteigen: wie geschieht das praktisch? Welche
Entdeckungen würden Mutter und Sri Aurobindo dort ma-
chen? Und wie, durch welche Mittel, kann dieses mysteriöse
Supramental unser gegenwärtiges Leben in der Materie, das
Leben der Spezies als ganzes, transformieren?*

2 — Der Hinabstieg in den Körper

Mutter und Sri Aurobindo haben den Übergang zu einer neuen Spezies erschlossen. Die Sache ist vollbracht. Fortan gibt es für jeden, der sich auf den Weg machen möchte, gebahnte und markierte Pfade in dem schrecklichen Sumpf des Unterbewußten; die fürchterliche Trägheit der Materie hat nachgegeben, die Materie ist vom Höheren Licht berührt und erleuchtet worden. Es war das erste Mal, das zählt. Man muß nur noch die Etappen nachvollziehen und die Sache selber erfahren: seine eigene Materie mit "Dem" in Berührung bringen, wie es zum ersten Mal nach Mutter und Sri Aurobindo Satprem tat. Es ist machbar — er hat es gemacht. Es ist nicht (ein weiterer) spiritueller Traum, eine freundliche Meditation in den Höhen, die nichts ändert; es ist eine konkrete, empfindsame und transformierende Wirklichkeit (sogar eine gewaltige, wie Satprem uns sagt). Wer möchte mitgehen? Haben wir überhaupt viel zu verlieren, die zunehmend unsichere alte menschliche Furche verlassen zu wollen? Praktisch genügt es für den, der es wünscht, sich mit Herz und Seele in die "Agenda" zu stürzen, das Logbuch des Übergangs, das Mutter Satprem Tag für Tag mitteilte. Alles ist dort enthalten für den, der lesen kann und empfänglich ist; all die Geheimnisse stehen offen — man muß nur in sie eintreten.

Die Supramentale Kraft

Um einen Eindruck dieser Agenda zu vermitteln, hören wir Mutters Beschreibung von einem der ersten Male, als die

*supramentale Kraft ihren Körper konkret berührte, als die
Brücke zwischen dem Hohen und der Tiefe entstand:*

> Um Mitternacht lag ich in meinem Bett. Und von
> Mitternacht bis ein Uhr ... (ich war vollkommen
> wach, ich weiß nicht, ob meine Augen offen oder
> geschlossen waren, aber ich war vollkommen wach,
> NICHT IN TRANCE: ich konnte alle Geräusche hören,
> die Uhren usw.), ich lag ausgestreckt im Bett und
> mein ganzer Körper, aber ein etwas vergrößerter
> Körper, der über die rein physische Form hinaus-
> ging, wurde zu EINER extrem schnellen und gebün-
> delten, aber reglosen Schwingung. Ich weiß nicht,
> wie man das erklären kann: es bewegte sich nicht
> räumlich, und dennoch war es eine Schwingung
> (also nicht starr), aber unbewegt im Raum. Und
> genau die Form des Körpers wurde ein absolut
> blendend weißes Licht des höchsten Bewußtseins —
> das Bewußtsein DES Höchsten. Es war IM Körper,
> als wäre in JEDER Zelle eine Schwingung, und alle
> zusammen bildeten einen Schwingungs-BLOCK... Ich
> war vollkommen bewegungslos in meinem Bett.
> Dann begann es, OHNE DASS ICH MICH BEWEGTE,
> bewußt nach oben zu steigen — ich bewegte mich
> nicht: ich blieb so *(Mutter hält die Hände vor ihrer
> Stirn zusammen, als stiege der ganze Körper im
> Gebet auf)* — ein bewußtes Aufsteigen des Körper-
> bewußtseins zum Höchsten Bewußtsein.
> Eine Viertelstunde lang stieg es höher und höher,
> ohne eine Bewegung, stieg höher und höher bis ...
> die Vereinigung vollbracht war. Eine vollkommen
> wache, bewußte Vereinigung: KEINE TRANCE. Da
> wurde das Bewußtsein zu dem EINEN Bewußtsein,
> vollkommen, ewig, außerhalb aller Zeit, außerhalb
> des Raumes, außerhalb aller Bewegung, außerhalb...
> außerhalb von allem, in ... ich weiß nicht, in einer

Extase, einer Seligkeit, etwas Unbeschreibliches. Es war das Bewußtsein DES KÖRPERS.
Diese Erfahrung hatte ich früher schon gemacht, aber in Trance; dieses Mal war es der KÖRPER, das Bewußtsein des Körpers. So blieb es für einige Zeit (die Uhr schlug, deshalb wußte ich, daß eine Viertelstunde vergangen war), aber die Erfahrung war außerhalb aller Zeit — eine Ewigkeit.
Dann begann ich, mit derselben Präzision, derselben Ruhe, demselben gewollten, klaren und gesammelten Bewußtsein (überhaupt NICHTS INTELLEKTUELLES) wieder herabzusteigen. Und als ich herabstieg, merkte ich, daß die ganze Schwierigkeit, mit der ich neulich kämpfen mußte und die diese Krankheit gebracht hatte, voll-kom-men bewältigt war, AUFGEHOBEN — überwunden. Nicht nur überwunden: es gab nichts mehr zu überwinden, nurmehr DIE Schwingung, von oben bis unten. Und es gab kein Unten und Oben und all das mehr. (24.1.61)

Und das ist das erste, was man bemerkt, das erste "Wunder" dieser supramentalen Kraft: sie hebt alle unsere menschlichen Schwierigkeiten und Probleme auf — unsere "Krankheiten" — als ob es sie NICHT GÄBE UND NIE GEGEBEN HÄTTE. (Und die Krankheit, mit der Mutter seit einigen Tagen kämpfte, war eine durchaus PHYSISCHE Krankheit.) Das ist nicht eine Kraft, die gegen die Störung oder Krankheit kämpfen muß, um sich durchzusetzen; es gibt keinen Kampf, keine Anstrengung: das erscheint, und die Krankheit GIBT ES NICHT MEHR (Mutter sagte, daß sie "verunwirklicht" wird, die Wirklichkeit verläßt).
Das gibt uns zu denken.
Diese Erfahrung machte Mutter Hunderte Male und in Bezug auf all die möglichen Leiden, die uns ständig befallen: ein Tropfen Supramental auf die Wunde und alles löst sich auf.

(Mutter:) Gerade heute morgen verfolgte ich die Be-

wegung; ich sah die Beherrschung dieser Schwingung der Wahrheit über bestimmte Störungen im Körper (nicht wahr, ganz kleine körperliche Sachen: Unbehagen, Störungen); ich sah, wie die Schwingung der Wahrheit diese Störungen und Unbehagen aufhob — sehr deutlich, sehr offensichtlich und VOLLKOMMEN LOSGELÖST von jeglichen spirituellen, religiösen oder psychologischen Begriffen; derart, daß offensichtlich jemand, der dieses Wissen über die Entgegensetzung einer Schwingung gegen eine andere besitzt, in keiner Weise "Schüler" oder philosophisch Gelehrter sein muß, nichts von alledem: es genügt, dies zu beherrschen, um ein vollkommen harmonisches Dasein verwirklichen zu können. Es war ganz und gar konkret und unwiderlegbar. Eine gelebte, unbedingte Erfahrung. (28.3.64)

Das Supramental gehört keiner Schule, keiner besonderen Art zu denken oder selbst zu beten an: es ist eine weltweite, massive und unwiderlegbare TATSACHE.

(Mutter:) Du kennst das, nicht wahr: man fühlt sich ganz und gar unwohl, elend, man kann nicht frei atmen, empfindet Übelkeit, fühlt sich machtlos, kann sich nicht einmal bewegen, kann nicht denken, nichts — ganz und gar elend; dann, plötzlich ... Das Bewußtsein, das körperliche Bewußtsein der Schwingung der Liebe, der eigentlichen Essenz der Schöpfung, aber in einer Sekunde: alles leuchtet auf, pffft! Weg, all das, was man vorher fühlte, ist weg. Man schaut sich ganz erstaunt an — alles ist fort. Man fühlte sich wirklich unwohl — alles fort. (23.11.65)

Anfangs erstaunte es Mutter sehr. Ihr ganzes Leben lang hatte sie bei jedem Schritt gegen die Düsterkeit der Welt in all ihren

Formen gekämpft. Dafür hatte sie ihr Leben gegeben. Es war ein ununterbrochener Kampf gewesen, um ein wenig Harmonie und schlichte Freude in die vielfältigen Wunden der Welt zu bringen, in die Männer und Frauen ihrer Umwelt, aber auch in die entfernteren Schwierigkeiten und Ereignisse. Und jetzt gab es plötzlich keinen Kampf mehr; es war als löste die Krankheit oder das Unbehagen sich in einer Nicht-Existenz auf, die sie vielleicht nur aus Versehen verlassen hatten? Das bedeutet, daß jedesmal, wenn es Mutter gelang, den Kontakt zum Supramental IN DER TIEFE DES KÖRPERS herzustellen, das "Wunder" geschah: der Schrecken und die Lüge der Welt lösten sich auf — und nicht in ihrer Einbildung, sondern ganz und gar konkret und körperlich (rasende Zahnschmerzen sind etwas sehr "Konkretes"!).

Über Jahre hinweg konnte Mutter diese Erfahrung in sich bestätigen (wann immer sie ein Unbehagen oder auch ernsthaftere funktionelle Störungen, z. B. am Herz hatte), aber sie vergewisserte sich auch, daß dasselbe "Wunder" auch außerhalb von ihr stattfinden konnte, in den Menschen und Umständen ihrer Umgebung und selbst in größerer Entfernung auf der Erde. Sie konnte Menschen "heilen", ohne es besonders zu wollen oder auch nur eine Geste zu tun, einfach indem sie den kranken Punkt mit "dem" in Kontakt brachte — ob der betroffene Punkt nun "in" ihr oder "außerhalb" von ihr lag, schien nicht den geringsten Unterschied zu machen: die körperlichen Grenzen waren verschwunden, ja selbst die Zeit verhielt sich eigenartig ... Aber lassen wir Mutter selber einige konkrete Beispiele von dem Verhalten dieses seltsamen Supramentals geben:

Die Erfahrung wiederholt sich in allen Einzelheiten, auf allen Gebieten, wie ein handfester Beweis. Und das ist kein "langwieriger Vorgang" der Transformation: wie etwas, das plötzlich umkippt (*Mutter verdreht zwei Finger*); Häßlichkeit, Lüge, Schrecken, Leiden und all das sieht man nicht mehr, auf

einmal lebt der Körper in Seligkeit. Alles ist gleich geblieben, nichts hat sich verändert, außer dem Bewußtsein.
Es bleibt die Frage (für die Zukunft, für das, was wahrscheinlich kommen wird): wie kann diese Erfahrung sich materiell ausdrücken?... Für den Körper ist es ganz und gar offensichtlich: für, sagen wir, ein, zwei oder drei Stunden hatte er große Schmerzen, litt sehr (kein seelisches sondern ein absolut physisches Leiden), und plötzlich prrrt! Alles weg ... Der Körper ist anscheinend unverändert geblieben *(Mutter betrachtet ihre Hände)*, aber statt einer inneren Störung, die ihn leidend macht, geht alles gut, es herrscht ein großer Frieden, eine große Ruhe, und alles geht gut. Aber das ist EIN Körper — wie wird es auf andere wirken können?... Er beginnt eine Möglichkeit im Bewußtsein anderer zu erkennen. Im seelischen Bereich (das heißt die innere Einstellung, der Charakter, die Reaktionen), ist es sehr deutlich; manchmal auch auf der physischen Ebene: mit einem Schlag verschwindet etwas — wie wir es erfahren konnten, wenn Sri Aurobindo einen Schmerz aufhob *(Mutter deutet eine subtil-physische Hand an, die kommt und den Schmerz entfernt)*, man fragt sich ... ah! Weg, aufgelöst. Aber es ist noch nicht beständig, nicht allgemein; es zeigt nur, daß es so sein kann, indem es im einen oder anderen Fall so ist — um zu zeigen, daß es so sein KANN!
(21.12.68)

Nicht wahr, mein Körper ist durchsetzt von Schmerzen und Störungen, aber sobald ich in diesen Zustand gelange *(weite, ruhige Geste)*, ist alles vollbracht — es gibt die Zeit nicht mehr. Im alten Bewußtsein ist die Zeit endlos und in diesem hier gibt es sie nicht mehr. Ich weiß nicht, wie ich das beschreiben soll. Wenn ich schöne Sprüche machen wollte, würde ich sagen: das alte Bewußtsein ist ... ist der Tod, als ob man in jedem Augenblick sterben müßte, man leidet, man ... es ist ein Bewußtsein, das zum Tod führt. Und im anderen *(weite, unbewegte, lächelnde Geste)* ist es das Leben ... ein friedliches Leben, ewiges Leben. (17.11.71)

Es ist ein seltsamer Übergangszustand im materiellsten Bewußtsein, im Bewußtsein des Körpers. Ein Übergang vom Zustand der Unterjochung, der Machtlosigkeit, in dem man ständig Kräften, Schwingungen, unerwarteten Bewegungen und allen möglichen Anwandlungen preisgegeben ist — und dann auf der anderen Seite Die Macht. Die Macht, die sich bestätigt und verwirklicht. Jetzt ist es der Übergang zwischen den beiden; eine Flut von allen möglichen Erfahrungen, angefangen vom mentalsten Teil dieses Bewußtseins bis zum dunkelsten, materiellsten Teil ... Der Wechsel von fast vollkommener Machtlosigkeit — eine Art Fatalität, wie die Auferlegung einer ganzen Ansammlung von Determinismen, gegen die man machtlos ist und die einen bedrücken — hin zu einem klaren, bestimmten Willen, der, SOBALD er sich ausdrückt, allmächtig ist. (15.1.64)

Das ist ... ja, ich glaube es gibt nur ein Wort, um diese Empfindung zu beschreiben, es ist eine Absolutheit — eine Absolutheit. Das Absolute. Das ist das Gefühl: man ist in Gegenwart des Absoluten. Das Absolute: absolutes Wissen, absoluter Wille, absolute Macht ... Nichts, gar nichts kann dem widerstehen. Und dann ist es eine Absolutheit (so empfindet man es ganz konkret) von einer solchen Barmherzigkeit! Verglichen damit ist alles, was wir für Güte und Barmherzigkeit halten ... pah! ein Garnichts. Das ist DIE Barmherzigkeit mit absoluter Macht; und ... nicht Weisheit, nicht Wissen, es ist ... das hat nichts mit unseren Vorgangsweisen zu tun ... Mehrere Stunden lang empfand der Körper eine Glückseligkeit wie noch nie zuvor in den 91 Jahren, seit er auf der Erde ist: Freiheit, absolute Macht, und bar jeglicher Grenzen *(Geste hier und dort, in allen Richtungen)*, keine Grenzen, keine Unmöglichkeiten, nichts. Es war ... alle Körper waren er. Es gab keinen Unterschied mehr, nur noch ein Spiel des Bewußtseins ... *(Geste eines großen Rhythmus)* das sich fortbewegt. (15.2.69)

Und alles, alles, alle Umstände sind so katastrophal wie nur möglich: Unannehmlichkeiten, Komplikationen, Schwierigkeiten, alles, alles wütet wie grimmige Bestien, aber ... es ist vorbei. Der Körper WEISS, daß es vorbei ist. Es mag noch Jahrhunderte dauern, aber es ist vorbei. Es mag noch Jahrhunderte brauchen, um zu verschwinden, aber es ist jetzt schon vorbei.
Diese ganz und gar konkrete und absolute Verwirklichung, die nur außerhalb der Materie möglich war *(Mutter senkt ihren Finger):* es ist gewiß, es ist gewiß und sicher, daß wir sie HIER SELBST haben werden. (14.3.70)

Die Arbeit

Mutters einzige Arbeit (wenn man es so ausdrücken kann) war, mehr und mehr Materie in Berührung mit dem supramentalen Licht zu bringen.

(Mutter:) Die Erziehung des physischen Bewußtseins (nicht das umfassende Bewußtsein des Körpers, sondern das Bewußtsein der Zellen) besteht darin, ihnen beizubringen ... Vor allem eine Wahl (es nimmt den Anschein einer Wahl): die göttliche Gegenwart zu wählen, das göttliche Bewußtsein, die göttliche Kraft, die göttliche Macht (all das ohne Worte, natürlich), das "Etwas", das wir als den absoluten Herrscher definieren. IN JEDER SEKUNDE ist es die Wahl zwischen den alten Naturgesetzen — mit einem gewissen mentalen Einfluß und dem ganzen Leben, so wie es eingerichtet wurde — die Wahl zwischen all dem und dessen Herrschaft auf der einen Seite, und dem Höchsten Bewußtsein auf der anderen ... und das in jeder Sekunde (das ist äußerst interessant), mit Erläuterungen: zum Beispiel die Nerven ... gehorcht ein Nerv all diesen Naturgesetzen mit ihren mentalen Schlußfolgerungen und all dem — dieser ganzen Mechanik —, so fühlt er den Schmerz; gehorcht er aber dem Einfluß des Höchsten Bewußtseins, ereignet sich ein seltsames Phänomen ... das ist nicht wie etwas das "heilt" — man würde eher sagen, es wird weggelöscht, wie etwas Unwirkliches. (26.6.68)

Die Körperzellen müssen lernen, NUR im Göttlichen ihre Stütze zu suchen, solange bis sie imstande sind zu fühlen, daß sie Ausdruck des Göttlichen sind ... Das ist in der Tat meine gegenwärtige Erfahrung. Ich habe bereits die Erfahrung, die Auswirkung der Dinge zu ändern; aber es ist nicht mentalisiert, deshalb kann ich es nicht formulieren. Es gelingt den Zellen wirklich zu fühlen, erstens, daß sie ausschließlich vom Göttlichen regiert werden (das drückt sich aus durch: was Du willst, was Du willst... dieser Zustand), und dann eine bestimmte

Empfänglichkeit (wie soll ich sagen?), nicht unbewegt, sondern ... Man könnte wohl sagen, eine PASSIVE Empfänglichkeit *(Mutter öffnet die Hände mit einem Lächeln)*. Es fällt mir schwer, das zu beschreiben. Alle Worte treffen es nicht, aber man könnte sagen: "Du allein bestehst", nicht wahr, daß die Zellen empfinden: "Du allein bestehst". So ungefähr. Aber all das ist eine Verhärtung — Worte verhärten die Erfahrung. Es ist eine Art Plastizität oder Flexibilität (eine sehr vertrauende Flexibilität): was Du willst, was Du willst ... (16.10.71)

Nicht wahr, die Arbeit besteht darin, die bewußte Grundlage aller Zellen zu ändern — aber nicht in allen auf einmal! Das wäre unmöglich; selbst nach und nach ist es sehr schwierig: der Augenblick des Wechsels der bewußten Grundlage ist ... es gibt fast etwas wie eine Panik in den Zellen, sie haben den Eindruck: "Aah! was wird geschehen?" Und weil es noch viele, viele Zellen gibt ... da ist es hin und wieder schwierig. Es geschieht gruppenweise, fast in Funktionseinheiten oder Teilen davon, und manche sind etwas schwierig ... Es gibt einen Augenblick, fast von Beängstigung, nicht wahr, man schwebt da; das mag einige Sekunden dauern, aber diese Sekunden sind schrecklich ... Doch mehr und mehr — mehr und mehr — lernt der Körper eines: das, was geschieht (was in jeder Sekunde geschieht), ist das Beste, das unter den gegebenen Bedingungen geschehen kann. Davon ist er vollkommen überzeugt. Und er begnügt sich, sich so zu halten *(Geste der Hingabe)* und zu sagen: "Möge Dein Wille geschehen". Das ist alles. Wenn es ihm gelingt, das in beständiger und sehr friedlicher Weise aufrecht zu erhalten, dann geht es gut. (19.2.69)

Die Unwirklichkeit

Sie reinigte und entschlackte die "Zwischenschichten", die eine vollständige Verbindung verhinderten; all die Ablagerungen, die die menschlichen Gewohnheiten in der Tiefe unseres Körpers hinterlassen haben. Sie scheinen uns mit einem tödlichen Überzug zu umgeben, in dem ALLES katastrophal ist, ALLES eine Krankheit oder einen Unfall hervorrufen kann, ALLES schlecht ausgehen kann — wirklich als wären wir eingeschlossen, eingemauert in einer Welt ... von Unwirklichkeit, und es genügte, diesen Überzug wegzuräumen und ein wenig Licht in die Tiefe der Zellen durchscheinen zu lassen, damit sich ALLES ändert (das heißt, damit wir aus der Unwirklichkeit einer Welt, die wir wirklich nennen, heraustreten).

(Mutter:) Das ist wie etwas Klebriges, das euch umgibt, euch überall berührt; man kann keinen Schritt tun, man kann nichts machen, ohne diese schwarzen und klebrigen Finger der Lüge anzutreffen. (31.12.63)

Was ist denn das für eine Schöpfung?... Nicht wahr, Trennung, dann Bosheit, Grausamkeit (man könnte sagen, das Bedürfnis, Schaden anzurichten), und dann das Leiden, genau die Freude, Leiden zu verursachen, und all die Krankheiten, die Auflösung, der Tod — die Zerstörung. (Das ist alles Teil der selben Sache.) Was ist bloß geschehen?... Und meine Erfahrung war die UNWIRKLICHKEIT dieser Dinge, als ob wir in eine unwirkliche Lüge eingetreten wären, und all das verschwindet, sobald man da hinaustritt — das GIBT ES NICHT, das ist nicht. Das ist das Erschreckende! Daß all das, was für uns so wirklich, so konkret und so schrecklich ist, daß es

all das nicht gibt ... wir sind in Die Lüge eingetreten. Warum? Wie? Was?... (31.5.69)

Oh! Mein Kind, alle Gefühle sind trügerisch! Diese Erfahrung mache ich zigmal am Tag, in allen Einzelheiten. Man spürt, man braucht dies; man spürt, man braucht das; man spürt, es schmerzt hier, schmerzt dort ... aber das ist alles falsch. Die Wirklichkeit ist, daß wir den Zustand der Harmonie verlassen haben; diese Harmonie besteht immer, aber wir sind aus ihr herausgetreten und deshalb brauchen wir dies und jenes, haben hier und dort Schmerzen. Etwas fehlt, und es ist Das, was fehlt. (10.7.65)

Das geht wirklich ein bißchen weit! Man fragt sich, warum man nicht früher daran gedacht hat: all unsere Übel sind falsch, unser Schmerz ist falsch, unsere Unwissenheit und Schwächen sind falsch, selbst unsere "Gesetze" sind falsch — wir sind einfach in einem "Raum" von UNWIRKLICHKEIT eingeschlossen, der nur durch die Aufmerksamkeit, die wir ihm schenken, existiert. Es genügt, ihn zu verlassen — oder aufzuhören, an ihn zu glauben — und schon ist es getan! Nur kann man ihn nicht im Kopf verlassen und auch nicht durch transzendentale Meditationen — man muß ihn in seinen Zellen verlassen. Man muß auf die Ebene der Zellen hinabsteigen ... oder weiterhin ein X für ein U halten.

(*Mutter:*) Vom negativen Gesichtspunkt — ich meine die zu überwindende Schwierigkeit — ist eins der schwerwiegendsten Hindernisse die Anerkennung, die das äußere, unwissende und lügenhafte Bewußtsein, das gewöhnliche Bewußtsein, den sogenannten Naturgesetzen gibt. — Ursachen, Folgen und Auswirkungen, alles was die Wissenschaft physisch, materiell entdeckt hat, all das stellt im Bewußtsein eine unbestreitbare Wirklichkeit dar, die sich unabhängig und unbedingt in der Gegenwart der Göttlichen Wirklichkeit hält. Und das ist so automatisch, daß es unbewußt ist. (10.5.58)

Sobald der Körper bewußt wird, wird er sich seiner eigenen Lüge bewußt! Er ist sich dieses Gesetzes bewußt, jenes Gesetzes, jenes dritten Gesetzes, jenes vierten Gesetzes, jenes zehnten Gesetzes — alles ist "Gesetz". "Wir unterliegen den Naturgesetzen: dies bewirkt jene Auswirkung, wenn du das tust, wird jenes geschehen usw." Nein! Das quillt aus allen Poren! Ich weiß es wohl. Ich weiß es wohl. Es trieft von Lüge. Im Körper hat man überhaupt kein Vertrauen in die göttliche Gnade, überhaupt gar keins! Wenn man nicht eine *tapasya* [yogische Disziplin] durchgemacht hat, wie ich es getan habe, sagt man: "Ja, all diese inneren, seelischen Dinge, alle die Gefühle, die ganze Psychologie, all das ist schön und gut; wir wünschen uns das Göttliche und wir sind bereit zu ... — aber schließlich, materielle Tatsachen bleiben materielle Tatsachen, sie haben eine konkrete Wirklichkeit: eine Krankheit bleibt eine Krankheit, Nahrung bleibt Nahrung, die Folge all unserer Handlungen bleibt eine Folge und wenn man ..." — pah, pah, pah, pah!
Man muß verstehen, daß das nicht wahr ist — daß es nicht wahr ist, daß es eine Lüge ist, daß all das eine reine Lüge ist. Es ist NICHT WAHR, es ist nicht wahr! (10.5.58)

Alle Knechtschaft, alle Bande an äußere Dinge, all das ist vorbei, vollkommen weggefallen — vollkommen weggefallen, es herrscht absolute Freiheit. Das heißt, es gibt nur noch Das, es herrscht der

Höchste Herrscher. So gesehen, kann es nur ein Fortschritt sein. Das ist solch eine radikale Erfahrung ... Es erscheint als eine absolute Freiheit, etwas, das man im gewöhnlichen Leben auf der Erde nicht für erreichbar hält. Das entspricht der Erfahrung absoluter Freiheit, die man in den höheren Bereichen des Wesens hat, wenn man überhaupt nicht mehr vom Körper abhängt. Aber das Bemerkenswerte hier (und das will ich sehr betonen) ist, daß das Bewußtsein DES KÖRPERS diese Erfahrung hat ... und es ist ein Körper, der sichtlich noch hier ist! (9.3.66)

Das Hin-und-Her

So wechselte sie ständig von der einen Welt in die andere über: von unserer Welt hier, so ungeheuer wirklich und WAHR für uns, in die andere, nicht weniger wirkliche, aber behaftet mit einer "Wirklichkeit" ... die lächelt.

(*Mutter:*) Etwas ganz und gar Seltsames passiert mir die ganze Zeit, sicherlich fünfzigmal am Tag (vor allem nachts ist es ganz besonders deutlich). In seiner äußerlichsten Form ist es, als ginge man von einem Zimmer in ein anderes, oder von einem Haus in ein anderes, und man durchquert die Tür oder die Wand fast ohne es zu bemerken, automatisch ... Im einen Zimmer zu sein, drückt sich äußerlich durch einen sehr angenehmen Zustand aus, es gibt überhaupt keine Schmerzen, nirgends, nur einen großen Frieden — ein freudiger Friede, vollkommen ruhig ... ein idealer Zustand, der manchmal sehr lange anhält ... Und dann, ganz plötzlich, ohne erkenntlichen Grund (ich konnte noch nicht entdecken, wie

und warum) scheint man ... in das andere Zimmer
oder in das andere Haus zu FALLEN, als hätte man
einen falschen Schritt getan, und dann schmerzt es
hier, schmerzt es dort, man fühlt sich unwohl.
(31.5.62)

Ein sonderbares Gefühl, eine seltsame Empfindung
der beiden Funktionsweisen ... die wahre Funktionsweise und die Funktionsweise, die durch das
individuelle Gefühl eines individuellen Körpers
entstellt ist — sie sind nicht einmal ... man kann
nicht einmal sagen, daß sie einander überlagern, sie
sind fast gleichzeitig, das macht es so schwer, es zu
erklären ... Es gibt eine Anzahl von Störungen im
Körper; ich weiß nicht, ob man von Krankheiten
sprechen kann (vielleicht nennen die Ärzte das eine
Krankheit, ich weiß es nicht), jedenfalls Störungen
im Körper, Störungen der Organe: Herz, Magen,
Darm, Lungen usw. Und gleichzeitig ist da ... (man
kann es nicht "Funktionsweise" nennen) aber der
wahre Zustand. Das bewirkt, daß manche Störungen
nur auftreten, wenn das Bewußtsein ... wie in eine
bestimmte Stellung gezogen oder geschoben oder
versetzt wird, und dort erscheinen diese Störungen
AUGENBLICKLICH — nicht als Folge: das Bewußtsein
wird ihrer Existenz gewahr. Nur wenn das Bewußtsein während längerer Zeit in dieser Stellung bleibt,
entstehen was man gewöhnlich Folgen nennt: die
Störung hat Folgen ... Aber nimmt das Bewußtsein
seine wahre Stellung wieder ein, verschwinden die
Störungen AUGENBLICKLICH. Manchmal ist es jedoch
so *(Mutter deutet mit ineinander verflochtenen
Fingern ein Überlappen oder Durchdringen an)*, das
heißt, mal ist es so, mal so; mal so und dann wieder
so *(Mutter schiebt die Finger ihrer rechten Hand
durch die der linken, um das Wechseln des Bewußt-*

seins zwischen den beiden Zuständen zu beschreiben), einmal diese Stellung, dann die andere, diese Stellung, dann die andere. Diese Bewegung geschieht innerhalb weniger Sekunden, so daß man fast gleichzeitig beider Arbeitsweisen gewahr ist. Das verhalf mir zur Erkenntnis des Vorgangs, denn vorher konnte ich es nicht verstehen; ich dachte einfach, es war ein Zustand, von dem ich in einen anderen Zustand fiel — aber das ist es nicht, es ist nur ... Alles, die ganze Substanz, die Schwingungen nehmen ihren gewohnten Lauf, nicht wahr, einzig die Wahrnehmungsart des Bewußtseins ändert sich.
Das bedeutet, wenn man diese Kenntnis ins Extrem weiterführt, sie also verallgemeinert, dann ist das Leben (das was wir gewöhnlich "Leben" nennen, das physische Leben des Körpers) und der Tod EIN UND DASSELBE, sie sind gleichzeitig ... einzig das Bewußtsein stellt sich so oder so, bewegt sich hin und her *(gleiche Geste)*. Ich weiß nicht, ob ich mich verständlich machen kann. Aber das ist phantastisch. (8.9.62)

Es wird sehr deutlich, daß, obwohl alles gleich bleibt und auch die Stellung des Bewußtseins gleich bleibt, eine Umkehrung stattfindet: so und so *(Mutter kippt ihre Hand von einer Seite zur anderen)*, ich weiß nicht, wie ich das erklären soll. Auf der einen Seite, das heißt für das gewöhnliche Bewußtsein (nicht gewöhnlich, aber für das gegenwärtige Bewußtsein), sind die Schmerzen fast unerträglich; und obwohl alles IDENTISCH BLEIBT, nur durch eine winzige Umkehrung (ich kann es nicht anders erklären ... man könnte vielleicht sagen "die Verbindung zum Göttlichen", ich weiß es nicht), aber sonst bleibt alles gleich (es ist ein Bewußtseinsphänomen): eine herrliche Seligkeit — verstehst du, die physischen

Dinge sind GLEICH geblieben!... Und das geschieht mir ständig. Leider ... *(lachend)* überwiegt die schmerzhafte Seite! Wenn ich ruhig, unbewegt bin, dann ist es natürlich die andere.
Aber diese Zahnschmerzen und all das, etwas was für das materielle Bewußtsein vom äußeren Standpunkt aus sehr wahr ist (!), selbst das ist nicht mehr ... Wenn das Bewußtsein wahr wird, hat das nicht mehr die gleiche Beschaffenheit. (11.7.70)

Was Sri Aurobindo hier über die Krankheiten sagt, entspricht genau meiner Erfahrung: die Macht der Gewohnheiten und all der Gebilde der "Unumgänglichkeiten" und "Unwiderruflichkeiten" der Krankheiten; die Erfahrungen über all diese Dinge häufen sich, als Zeichen ... damit man lernt, daß es nur eine Frage der Einstellung ist — der Einstellung, die es zu ändern gilt ... Man muß aus diesem mentalen Gefängnis ausbrechen, in dem die Menschheit sich eingeschlossen hat und ... oben atmen.
Und es ist die Erfahrung DES KÖRPERS. Früher, bei jenen, die innere Erfahrungen hatten, hieß es: "Ja, da oben ist das so, aber hier ..." Jetzt wird es das "aber hier" bald nicht mehr geben. Diese Eroberung wird jetzt gemacht, diese enorme Veränderung: das physische Leben soll durch das höhere Bewußtsein regiert werden und nicht durch die mentale Welt. Das ist der "Wechsel der Autorität"... Es ist schwierig. Es ist schmerzhaft. Es wird natürlich Trümmer geben, aber... Aber man kann es wirklich sehen — man kann es sehen. Und das ist die WAHRE ÄNDERUNG, das wird es dem neuen Bewußtsein ermöglichen, sich auszudrücken. Und der Körper lernt, er lernt seine Lektion — alle Körper, alle Körper. (14.3.70)

Ein noch menschlicher Körper

Wie durchsteht ein armer kleiner, noch aus normaler Substanz beschaffener Menschenkörper diese Übergänge, dieses Hin- und-Her von der einen Welt in die andere? Er muß ein wenig die Orientierung verlieren!

(Mutter:) Jedesmal wenn die Ordnung oder die Herrschaft der gewohnten Naturgesetze an irgendeinem Punkt durch die Obrigkeit des Göttlichen Bewußtseins ersetzt wird (oder ersetzt werden soll oder ersetzt werden wird), bewirkt das einen Übergangszustand, der wie eine ungeheure Störung und eine sehr große Gefahr erscheint. Und solange er nichts weiß, solange er im Zustand der Unwissenheit ist, wird der Körper von Panik ergriffen, er glaubt es mit einer schweren Krankheit zu tun zu haben; manchmal drückt es sich mit Hilfe seiner Einbildungskraft auch wirklich als Krankheit aus; aber ursprünglich war es das nicht: es ist der Rückzug der gewohnten Naturgesetze mit ihren Gehilfen von persönlichen, vitalen und mentalen Gesetzen. (3.2.68)

Es fällt dem Körper sehr schwer, sich zu ändern. Denn er lebt nur durch seine Gewohnheit zu leben. Und jedesmal, wenn etwas von der wahren Art zu leben eindringt, ohne Gedanken, ohne Überlegungen, ohne irgendetwas, das einer Idee ähnlich wäre, fast ohne daß man es fühlt, fast automatisch, da gibt es in den Zellen eine Panik vor dem Neuen. Verstehst du, ALLES muß geändert werden. Nicht mehr das Herz soll das Blut pumpen und die Kraft empfangen; der Magen soll nicht mehr verdauen, all das muß anders werden — anders funktionieren. Die Grundlage muß verschoben werden, die Funktions-

weise vollkommen geändert werden — und auf der anderen Seite sind alle Zellen darauf bedacht, daß alles GEWOHNHEITSGEMÄSS weitergeht ...
Fürchterlich. Ein seltsames Problem.
Solange das innere Wesen — unser eigentliches Wesen — regiert, handelt der Körper ganz automatisch, durch die Macht des inneren Wesens; aber auf diese Weise wird er sich seiner Veränderung nicht bewußt und trägt nicht zu seiner Veränderung bei, und bis diese Veränderung sich vollzieht, bedarf es wahrscheinlich ... vielleicht Jahrtausende. Das innere Wesen müßte sich so halten *(Geste im Hintergrund, zurückgezogen)*, so daß der Körper SELBER handelt, das heißt den Herrn enthält, den Herrn empfängt, sich dem Herrn gibt, der Herr IST. Die Aspiration hat er, oh! Brennend, glühend — das ist sehr gut. Aber *(lächelnd)* Der Herr bewegt sich nicht gemäß den normalen Gewohnheiten! Und sobald Er versucht, die eine oder die andere Körperfunktion auch nur teilweise in Besitz zu nehmen, verändern sich augenblicklich sämtliche Angewohnheiten, sämtliche Verhältnisse und Regungen — Panik: sofortige Panik. Das drückt sich aus durch: ohnmächtig werden, oder beinahe, oder einen fürchterlichen Schmerz oder ... irgendetwas wird ANSCHEINEND vollkommen gestört. Was tun?... Abwarten bis diese kleine oder große Anzahl von Zellen, dieser Winkel Bewußtsein seine Lektion gelernt hat. Das mag ein, zwei oder drei Tage dauern und dann beruhigt sich dieses "große", chaotische, umwerfende Ereignis, findet eine Erklärung, und die betroffenen Zellen sagen sich (beginnen sich zu sagen): "Himmel, sind wir dumm!..." Das braucht eine Weile, dann haben sie verstanden.
Aber es gibt deren Tausende und aber Tausende!
(9.1.63)

Der Körper steht plötzlich ... außerhalb aller Gewohnheiten, außerhalb aller Handlungen und Gegenhandlungen, Folgen usw.; und dort ist es ... *(Mutter öffnet erstaunt die Augen).* Dann verschwindet es wieder. Für das materielle Bewußtsein ist das so neu, daß man sich jedesmal wie ... am Rande einer geistigen Störung fühlt. (Es ist eine Störung des BEWUSSTSEINS — keine mentale Störung, das Mental hat glücklicherweise nichts damit zu tun!) Aber das Bewußtsein hat eine Minute der Panik ... Der Körper ist genügend beisammen, um ... Er WEISS, daß er nicht krank ist — er weiß, daß es keine Krankheit ist, sondern eben ein Transformationsversuch, er weiß es sehr wohl, aber ... das sind noch all die Jahrhunderte von Gewohnheiten. (20.5.70)

Das "Göttliche"

Wenn man es überlegt, so war Mutter der Ansatzpunkt eines unmöglichen Widerspruchs. Mittels eines Körpers von gewohnter Verfassung und normaler Beschaffenheit berührte sie eine Welt, die das genaue Gegenteil alles Gewohnten ist, in der unser "Gut" und unser "Übel" ihre Natur ändern, in der die Starrheit der Gesetze, das Gefühl von Endlichkeit und Entfernung — ja sogar die Zeit — zu etwas anderem wird, in Abhängigkeit von ... etwas das Mutter "das Höchste" nannte, das heißt "etwas", das man nur durch Umschreibungen bezeichnen kann, das aber eine durchaus wirkliche Realität zu besitzen schien, da "Es" alles im Körper und in jeder Sekunde des Lebens steuerte.

(Mutter:) Ich nenne es "das Göttliche" — was ist das, das Göttliche? Ich weiß es nicht — ich kann es

nicht sagen, ich weiß es nicht. Und selbst das zu sagen, ist falsch — das ist es auch nicht. Alles ist NICHT DAS. Es ist nicht das. (3.10.71)

Aber der Körper hat gelernt, daß er auch ohne Ego das ist, was er ist, denn das ist er auf Grund des Göttlichen Willens und überhaupt nicht auf Grund des Egos — wir existieren durch den Göttlichen Willen, nicht durch das Ego. Das Ego war ein Mittel — vor Jahrtausenden war es ein Mittel. Jetzt ist es wertlos, seine Zeit ist abgelaufen. Es hatte seine Zeit und seinen Nutzen — das ist vorbei, Vergangenheit, es liegt weit zurück. Jetzt ... *(Mutter senkt ihre Faust):* das Göttliche ist das Bewußtsein, das Göttliche ist die Macht, das Göttliche ist die Tat, das Göttliche ist die Individualität.
Und der Körper hat sehr deutlich verstanden, empfunden — auf Englisch würde man sagen *realized, understood* —, daß das Gefühl, eine getrennte Person zu sein, VOLLKOMMEN überflüssig ist, vollkommen überflüssig, überhaupt nicht unentbehrlich für sein Weiterbestehen, vollkommen überflüssig. Er besteht durch eine andere Kraft und einen anderen Willen, der nicht individuell und nicht persönlich ist: der göttliche Wille. Und er wird erst an dem Tag das sein, was er zu sein hat, an dem er fühlt: es gibt keinen Unterschied zwischen ihm selbst und dem Göttlichen. Das ist alles. Alles übrige ist Lüge — Lüge-Lüge-Lüge, und eine Lüge, die verschwinden muß. Es gibt nur EINE Wirklichkeit, nur EIN Leben, nur EIN Bewußtsein *(Mutter senkt ihre Faust):* Das Göttliche. (9.6.71)

Es war ein so warmes, so intimes Gefühl, so ... so sanft und gleichzeitig so mächtig ... oh! Und so konkret! Die ganze Atmosphäre, die ganze Atmosphäre wurde konkret: alles-alles hatte den Geschmack des Herrn. Ich weiß nicht, wie ich das beschreiben kann. Ganz und gar materiell, als ob man einen Bissen davon im Mund hätte! Alles war voll davon — so etwa. Und so vollkommen PHYSISCH! Wie ... man könnte es mit der feinsten überhaupt möglichen Delikatesse vergleichen (es war ein Gefühl des Berührens und des Geschmacks, sehr-sehr materiell). Man meinte, wenn man die Hand schließt, würde man etwas Festes greifen — eine so warme Schwingung, so sanft und so STARK, mächtig, konkret! (19.5.61)

Die Transformation des Körpers

Dennoch blieb das grundsätzliche Problem eines Körpers, der in der alten, vergangenen Art gebaut war, aber in einer neuen Weise reagieren und funktionieren sollte ...

(Sri Aurobindo:) Eine psychologische Änderung, eine Beherrschung der Natur durch die Seele, eine Transformation des Intellekts in ein Prinzip von Licht und eine Transformation der Lebenskräfte in eine reine Macht mögen der erste Schritt, der erste Versuch zur Lösung des Problems sein, aus der gänzlich menschlichen Formel auszubrechen, und zur Verwirklichung von etwas zu kommen, das man ein göttliches Leben auf Erden nennen könnte, eine erste Skizze der Übermenschheit oder eines supramentalen Lebens unter den Bedingungen der Erd-Natur. Aber all dies wäre nicht die vollständige und radikale Veränderung, die von Nöten ist; es wäre nicht die vollkommene Transformation, die Fülle eines göttlichen Lebens in einem göttlichen Körper.

Der Körper wäre weiterhin menschlich, in der Tat animalisch von Ursprung und grundsätzlicher Veranlagung, und das würde den höheren Teilen des verkörperten Wesens seine eigenen unvermeidlichen Grenzen auferlegen. Genauso wie die Einschränkung durch Unwissenheit und Fehler der grundlegende Mangel des nichttransformierten Mentals ist, und die Mängel der nichttransformierten Lebenskraft in der Einschränkung durch die unvollkommenen Impulse und Ansprüche der Begierde liegen, so beständen die Mängel eines nichttransformierten Körpers in der Unvollkommenheit seiner physischen Handlungsfähigkeit, in der Unvollkommenheit und Begrenztheit der Antwort seiner Halbbewußtheit auf die Anforderungen, denen er unterliegen würde, und in der Rohheit und Unklarheit seines ursprünglichen Tierseins. Diese würden unumgänglicherweise die Handlungen der höheren Teile der Natur hindern und sie sogar auf ihre tiefere Ebene hinabziehen. Die Transformation des Körpers ist eine notwendige Bedingung für eine vollständige Transformation der Natur. (16.21)

(Mutter:) Verstehst du, es ist als wollte man die Funktionsweise der Körperorgane ändern. Wie ist der Vorgang? Die beiden Arten fangen bereits an, gleichzeitig zu existieren ... Was braucht es, damit die eine verschwindet und die andere allein bleibt, verändert? — Verändert, denn so wie es jetzt ist, würde es nicht genügen, um den Körper zu erhalten; der Körper könnte all seine notwendigen Funktionen nicht erfüllen: er würde in einem seligen Zustand verharren und sich dieses Zustandes erfreuen — aber nicht sehr lange, denn er hängt noch von allen möglichen Bedürfnissen ab! Darin liegt die Schwierigkeit. Für die, die in ein- oder zweihundert

Jahren kommen, wird es sehr leicht sein, sie brauchen nur noch zu wählen: nicht mehr dem alten sondern dem neuen System angehören. Aber jetzt ... Ein Magen muß schließlich noch verdauen! Nun, es wird einen neuen Weg geben, sich den Naturkräften anzupassen, eine neue Funktionsweise. (13.2.62)

Wenn man es sich ein wenig überlegt, versteht man das sofort: ginge es nur darum, eine Sache anzuhalten und etwas ANDERES anzufangen, wäre das recht schnell getan. Aber einen Körper am Leben erhalten (nicht wahr, er soll weiterhin funktionieren) und GLEICHZEITIG eine neue Funktionsweise hineinbringen, die ausreicht, um ihn lebendig zu erhalten, und dann noch die Transformation — das bedeutet eine Zusammensetzung, die sehr schwer zu verwirklichen ist ... Vor allem, wenn es ums Herz geht. Das Herz ist durch das Kraftzentrum zu ersetzen, eine ungeheure dynamische Kraft! *(Mutter lacht)* In welchem AUGENBLICK stoppt man den Kreislauf und gibt die Kraft frei?? (6.10.62)

Es ist hundertmal herrlicher, als wir uns vorstellen können. Die Frage ist zu wissen, ob das [der Körper] fähig sein wird zu folgen ... Um zu folgen, muß er nicht nur fortbestehen, sondern auch eine neue Kraft und ein neues Leben schöpfen. Das weiß ich nicht. (30.10.71)

Der Widerspruch, die Spannung in diesem Körper war ungeheuer: Es konnte so nicht weitergehen — etwas mußte nachgeben oder ... oder was?

(Mutter:) Der Körper sagt: "Im Grunde würde es vor allem für die anderen einen Unterschied machen! [wenn er stirbt] — für mich ..." Nicht wahr, nur die

anderen stehen noch in dieser Illusion des Todes, nur weil der Körper nicht mehr da ist; und selbst das [Mutters Körper] weiß nicht mehr so recht, was wahr ist!... Für den Körper sollte doch eigentlich die Materie die Wahrheit sein — nun, selbst der Körper ist sich nicht mehr ganz sicher *(lachend)*, was das jetzt ist, diese Materie! Da ist das Andere, die andere Art zu sehen und zu fühlen und zu sein — eine andere Seinsart. Und der Körper fängt an, sich zu fragen ... Er weiß, daß die alte Art nicht mehr das Rechte ist, aber er fängt an, sich zu fragen, wie es sein wird, also die Art zu sehen, die Beziehung mit den Dingen: "Wie bildet sich die Beziehung zwischen dem neuen Bewußtsein und dem alten Bewußtsein all jener, die noch menschlich sein werden?..." All diese Dinge werden bleiben, was sie sind, aber es wird eine Art geben, sie wahrzunehmen, eine Beziehung ... Das kommt ... seltsam, das kommt wie ein Hauch — wie ein Hauch — und dann verschwindet es wieder. Wie ein Hauch einer neuen Sichtweise, einer neuen Art zu fühlen und zu hören. Wie etwas, das sich nähert und sich dann wieder verschleiert. Und dem Anschein nach [von Mutters Körper] ist es ... [chaotisch]. Dennoch bin ich sichtlich nicht krank, aber es gibt Augenblicke, wo es ... sehr schwierig ist. Sehr schwierig. Und dann hatte ich mehrere Male beide [Wahrnehmungsarten] gleichzeitig ... und *(lachend)* der Körper sagt sich: "Na, wenn man wüßte wie du bist, würde man sagen, du bist vollkommen verrückt!" (29.4.70)

Weißt du, die ganze Grundlage, von den automatischen Reflexen bis zu allen Bewegungen, die man aus Gewohnheit macht (eine Fülle von Dingen tut man automatisch), das ist alles ... verschwunden. Und deshalb ist es ... schwierig ... Ganz besonders das Essen, denn schon seit sehr langer Zeit (seit vielen Jahren) interessiert er [der Körper] sich nicht mehr für Nahrung, überhaupt nicht mehr. Er ißt nur ... weil er ein bestimmtes Wissen über das Notwendige hat, aber das ist alles; und jetzt ist es ... fast schwierig, zu schlucken. Vor allem das: eine große Schwierigkeit, zu schlucken ... Auch das Atmen fällt schwer. Der Atem ist ... kurz ... Was wird geschehen? Ich weiß es nicht. *(Mutter lacht)* (8.4.70)

In seinem Autoritätswechsel (das was ich den Wechsel nenne) hat der Körper schwierige Augenblicke, wirklich schwierige Augenblicke. Und aus einer normalen Sicht heraus hätte das überhaupt keinen Sinn, denn die Schwierigkeiten scheinen mit zunehmender "Konversion", wenn man es so nennen will, größer zu werden ... Aber für die wahre Sicht (wenn man sich IN der wahren Sichtweise befindet) ist der Überrest an Lüge die Ursache all dieser Unannehmlichkeiten. (31.1.70)

Der Weg im Dunklen

Mutter stellte sich viele Fragen. Die Zukunft erschien voller Rätsel. Jeder Schritt mußte in totalem Nicht-Wissen getan werden. (Wüßte man das Ergebnis der neuen Spezies im voraus, gäbe es sie schon.)

(Mutter:) In letzter Zeit wurde mir klar ... Dieser Weg ist noch von niemandem betreten worden! Sri Aurobindo war der erste, und er hat uns verlassen, ohne uns zu sagen, was er tat. Ich muß mir wirklich einen Pfad durch den Urwald schlagen — es ist schlimmer als ein Urwald.

Und seit zwei Tagen das Gefühl, ÜBERHAUPT NICHTS zu wissen — nichts. (15.7.61)

Als ich Sri Aurobindo das erste Mal traf, sagte er mir: "Die anderen kamen, um vorzubereiten, und sie sind wieder gegangen, aber dieses Mal ist es, um zu VERWIRKLICHEN." — Er ist auch gegangen.
Er ist gegangen. Es ist wahr, er hat mir gesagt: "Du wirst es tun", aber er hat mir nie ... Er ist der einzige, der mir das gesagt hat, und er hat es mir "so" gesagt, wie er eben Dinge sagte, nicht wahr. Es war keine Verkündung, die einem eine absolute Gewißheit gibt ...
Ich kann nicht sagen, daß ich Zweifel darüber habe, denn das stimmt nicht, ich stelle es nicht in Frage, aber beide Möglichkeiten stehen da *(Geste in der Schwebe);* nun, weder zur einen noch zur anderen gibt es eine Antwort. In manchen Augenblicken sehe ich, daß es das Ende ist (ein sehr klares Bild, was ich zu tun habe), aber es kommt vor einem Hintergrund vollständiger Ungewißheit; und in der nächsten Minute sehe ich die Möglichkeit, bis zur Vollendung der Transformation zu gehen, mit dem klaren Bild, was zu tun ist, aber wieder vor einem Hintergrund ... Es gibt keine grundlegende Zusicherung: so wird es SEIN — weder auf der einen Seite noch auf der anderen. Ich weiß, daß es willentlich so ist, weil es für die Arbeit in den Zellen nötig ist. Erhielt ich zum Beispiel den Befehl des Höchsten (manchmal empfange ich das deutlich, so deutlich wie...), bekäme ich von Ihm die Gewißheit, daß, was immer die Schwierigkeiten, wie immer der Weg aussehen mag, der Körper bis zur vollständigen Transformation gehen wird, nun, es würde irgendwo ein Erschlaffen verursachen, das sehr schädlich wäre. (25.9.65)

Die einzige Lösung bestand darin, weiterzumachen, weiter diese neue Seinsweise auf der Erde zu verkörpern, mehr und mehr, in den feinsten Details des Lebens, und was soll's, vielleicht hat das Supramental mehr als einen Trick parat! Das was heute unmöglich und widersprüchlich erscheint, ist es morgen vielleicht nicht mehr? Trotz alledem beschäftigte dieser Übergang, dieser Wechsel Mutter sehr ...

Manchmal frage ich mich, ob es nicht ein Wahnsinn ist, das versuchen zu wollen?... Muß man diesen Körper nicht einfach seiner Auflösung überlassen und abwarten, daß andere vorbereitet werden, die dafür besser geeignet sind? — Ich weiß es wirklich nicht.
Ich weiß es nicht! Bis jetzt hat es noch nie jemand getan, also gibt es niemand, der es mir sagen könnte. (13.2.62)

Wenn man jemanden hat, der die Erfahrung besitzt und natürlich die Weisheit, dann ist es einfach! Früher, bei der geringsten Sache, brauchte ich es Sri Aurobindo nicht einmal zu sagen und alles richtete sich. Jetzt verrichte ich selbst die Arbeit, ich habe niemanden, an den ich mich wenden könnte, niemand hat es vorher getan! Das kommt auch noch dazu, es bedeutet eine gewisse Spannung. (26.8.64)

Ich hoffe, der Körper wird dazu fähig sein. Nicht wahr, es gibt diese Frage.

(Satprem:) Aber nachdem du hier bist, Mutter, muß der Augenblick gekommen sein, sonst wärst du nicht hier. Wenn du in diesem Zustand bist, dann heißt das gerade, daß der Augenblick gekommen ist.

Ja natürlich! Ich weiß es wohl — ich weiß sehr wohl, daß jetzt der Augenblick ist, wo ... Der

Augenblick ist gekommen DEN Versuch zu unternehmen, aber wird es gelingen? Ich weiß es nicht ... Ist es (wenn du so willst, um es deutlicher auszudrücken), ist es bestimmt zu gelingen? Das ist die Frage. Ist es zum Gelingen bestimmt?

Es scheint mir NICHT MÖGLICH ... es ist nicht möglich, daß es nicht gelingen sollte.

Warum?

Weil du der Körper der Welt bist!... Das ist wirklich DIE Hoffnung.

Ist das nicht Poesie?

Aber nein! Mutter, das IST SO. Man braucht doch nur hinsehen: die äußere Welt wird höllischer und höllischer.

Ah, das stimmt gewiß!

Nun, es ist das in deinem Körper. (12.9.70)

Ich habe den Eindruck, wenn ich bis zu meinem 100. Lebensjahr durchhalte — das sind noch sechs Jahre —, dann ist viel erreicht, sehr viel; etwas Wichtiges und Entschiedenes wird erreicht worden sein. Ich sage nicht, daß der Körper fähig sein wird, sich zu transformieren, das ... dafür gibt es keine Andeutungen; aber das Bewußtsein — das physische Bewußtsein, das materielle Bewußtsein wird ... "supramentalisiert". Das ist es, das ist die Arbeit, die im Gange ist. Das ist das Wichtige. (26.4.72)

Die Ansteckung

Auf der positiven Seite, wenn man so sagen will, schienen zwei Tatsachen auf kurze oder lange Sicht den Erfolg des Unternehmens zu garantieren.

Die erste ist, daß diese neue Seinsart auf der Erde sich offensichtlich sehr ansteckend von Körper zu Körper übertrug. Glücklicherweise sind unsere Körper nicht voneinander getrennt wie unsere Köpfe! Unsere Zellen entstammen alle einer einzigen Form, sie haben ihre eigenen Wege der Verständigung, und das, was eine von ihnen sich aneignet, überträgt sich früher oder später auf die anderen. Es war in Mutters Nähe also "ansteckend".

(Satprem:) Ich kann wohl verstehen, was in dir geschehen mag, aber ...

Aber wenn es in einem Körper geschieht, dann kann es in allen Körpern geschehen! Ich bin auch nicht anders beschaffen als die anderen. Der Unterschied liegt einzig im Bewußtsein, das ist alles. Mein Körper ist aus genau denselben Elementen aufgebaut, ich esse dieselben Sachen, er wurde auf die gleiche Weise geschaffen, ganz und gar. Und er war genauso dumm, genauso lichtlos, genauso unbewußt, genauso unbeugsam wie all die anderen Körper der Welt.
Es hat angefangen, als die Ärzte erklärten, ich sei sehr krank [im April 1962]; das war der Anfang. Denn der Körper war all seiner Gewohnheiten und seiner Kräfte entleert worden, und dann, ganz langsam, erwachten die Zellen zu einer neuen Empfänglichkeit und öffneten sich dem direkten göttlichen Einfluß. Jede Zelle schwingt damit.
Ansonsten wäre es hoffnungslos! Wenn diese Materie, die anfangs so ... Selbst ein Stein stellt bereits eine höhere Organisationsform dar; anfangs war es

sicher schlimmer als ein Stein: das träge, absolute Unbewußte. Dann, nach und nach, nach und nach erwachte es. Man sieht es, man braucht nur die Augen zu öffnen. Damit das Tier zum Menschen werden konnte, bedurfte es einzig des Einfließens eines Bewußtseins — des mentalen Bewußtseins. Nun, jetzt geschieht wieder das gleiche: jetzt erwacht das Bewußtsein ganz in der Tiefe. Das Mental hat sich zurückgezogen, das Vital hat sich zurückgezogen, alles hat sich zurückgezogen; zu dem Zeitpunkt, an dem ich angeblich krank wurde, war das Mental abwesend, das Vital war abwesend und der Körper war sich selbst überlassen — absichtlich. Und, gerade weil das Vital und Mental abwesend waren, gab das den Anschein einer sehr schweren Krankheit. Dann, im Körper, der völlig sich selbst überlassen war, begannen die Zellen ganz langsam zum Bewußtsein zu erwachen *(Geste einer aufsteigenden Aspiration)*; das Bewußtsein, das dem Körper durch das Vital eingeflößt worden war (vom Mental ins Vital und vom Vital in den Körper), als die beiden abwesend waren, begann dieses Bewußtsein langsam, langsam hervorzutreten. Es begann ganz oben in der höchsten Höhe mit dem Ausbruch der Liebe, und dann stieg es langsam, langsam bis zum Körper herab. Und diese Art physisches Mental — das ist etwas vollkommen, vollkommen idiotisches, das sich immer im Kreise dreht, immer das Gleiche wiederholt, hundertmal das Gleiche — nach und nach klärte es sich und wurde bewußt, es ordnete sich und kam zur Stille. Dann, in der Stille, drückte sich die Aspiration durch ein Beten aus.
Das ist die Widerlegung aller spirituellen Zusicherungen der Vergangenheit: "Willst du voll bewußt das göttliche Leben leben, dann verlasse deinen Körper; der Körper kann nicht folgen." Nun, Sri

Aurobindo kam und sagte: "Der Körper kann nicht
nur folgen, sondern er kann sogar die Grundlage der
göttlichen Manifestation sein."
Die Arbeit bleibt noch zu tun ...
Aber alles ist EINE EINZIGE Substanz, überall gleich,
die überall unbewußt war; und bemerkenswert ist,
daß sich AUTOMATISCH überall Erfahrungen ereignen
*(Andeutung von verstreuten Punkten in der ganzen
Welt),* vollkommen unerwartet, hier und dort, bei
Leuten, die nichts davon wissen. (22.11.67)

Bald werde ich eine gefährliche Ansteckung verbreiten, weißt du! (4.4.70)

Aber wenn es einmal getan ist — (das hat Sri Aurobindo gesagt) sobald EIN Körper es getan hat, ist er
fähig, es an andere weiterzugeben; und ich sage dir
— vielleicht nicht in der vollen Gesamtheit und in
allen Einzelheiten, wahrscheinlich nicht —, aber
jetzt gibt es hier und dort *(Geste zu diversen Punkten hin auf der Erde)* plötzlich die eine Erfahrung
oder jene andere, bei Leuten ... Es ist ansteckend.
Ich weiß es! Und das ist die einzige Hoffnung, denn
wenn alle diese Erfahrung durchmachen müßten ...
(22.11.67)

Keine Abnutzung mehr

*Die zweite Tatsache offenbart sich innerhalb der Erfahrung:
während der Körper sich in der harmonischen Stellung hielt,
gab es keine Abnutzung mit der Zeit mehr, keine Reibung an
den Gegenständen und dem Leben, nichts "verhakte sich"
mehr, alles wurde ein weiter und harmonischer Ablauf —
"göttlich" — wie große Wogen. Angefangen beim morgendlichen Frühstück bis zu den Horden von Schülern, die sie trotz*

allem jeden Tag empfangen mußte. So schien der Körper eine Ewigkeit halten zu können.

(Mutter:) Die Bedingungen für ein fast unbegrenztes Fortdauern des Körpers sind bekannt oder fast bekannt (mehr als nur vermutet: sie sind mir bekannt). Sie ergeben sich durch die Arbeit, die notwendig ist, um der EXTREMEN UNBESTÄNDIGKEIT des physischen Gleichgewichts eines der Transformation unterworfenen Körpers entgegenzuwirken. Das ist eine Lehre in jeder Minute, man könnte fast sagen, in jeder Sekunde. (17.4.65)

Weißt du, mein Körper beginnt — beginnt — zu erkennen: die göttliche Seite bedeutet ein Leben, das ... *(Mutter breitet die Arme ins Unermeßliche aus)* fortschreitend und leuchtend ist. Nur die Ansammlung vergangener Erfahrungen sagt: "Oh! das ist unmöglich!" — Das ist es. Und dieses idiotische "Unmöglich" verzögert und verdirbt alles.
Das begründet sich durch die Tatsache, daß, sobald der Körper die wahre Haltung verläßt, alles schmerzlich wird: alles tut weh, alles ist mühsam — überall fühlt man den Tod und die Auflösung. Und das unterstützt ... die Torheit der Materie. (30.8.72)

Sri Aurobindo hat gesagt: "Das Übergangsstadium wird eine beliebige Verlängerung des Lebens sein." Und ich habe den Eindruck, das ist bereits möglich. Aber unter der Bedingung, daß ... der Körper selbst darf nur noch einen einzigen Gedanken in sich tragen: die Transformation. Er muß ruhig und konzentriert sein, denn ... In dieser Art empfänglicher Versenkung kann ich stundenlang bleiben und es vergeht wie eine Sekunde. Das Zeitgefühl ist ganz seltsam. In einer bestimmten empfänglichen Ver-

senkung ... *(Geste, in einem Lächeln zu schweben)*
da gibt es die Zeit einfach nicht mehr. (4.9.71)

Aber jedesmal, wenn ich meinen Körper frage, was
ER gerne hätte, sagen alle Zellen: "Nein-nein! wir
sind unsterblich, wir wollen unsterblich sein. Wir
sind nicht müde, wir sind bereit, jahrhundertelang
zu kämpfen, wenn nötig; wir wurden für die Unsterblichkeit geschaffen und wir suchen die Unsterblichkeit ..." Ich komme zu der Erkenntnis, je
mehr man sich der Zelle selbst nähert, um so mehr
sagt die Zelle: "Aber ich, ich bin unsterblich!"
(16.10.62)

Alles führt zum Ziel

*In dieser Hinsicht bestand die Hoffnung, daß die Ansteckung
in immer größerem Maße zunehmen würde, zuerst in den
menschlichen Körpern in Mutters Umgebung, dann vielleicht
auch in größerer Entfernung; und weil der Körper nun prinzipiell beliebig lange bestehen konnte, stellte man sich eine
stetige Vorwärtsbewegung vor, eine "Verdichtung" der neuen
Möglichkeit, die nach und nach, ihrem eigenen Rhythmus
entsprechend, die nötigen körperlichen Änderungen vollzieht
und unsere menschliche Welt auf stetige und harmonische
Weise in eine vollkommen supramentale Welt verwandelt.*

*Aber vielleicht haben wir hier noch eine allzu menschliche,
"logische" Vorstellung von der Transformation unserer Welt
in eine Welt der Harmonie. Das Supramental hat seine eigenen Gesetze von Plastizität und unendlicher Sicht. Auch ist
das Supramental unendliches Mitgefühl; es berücksichtigt die
gegenwärtigen Bedingungen der Erde in seinen Handlungen,
es zerstört nicht, es bricht nicht; es konfrontiert die Dinge
lediglich mit ihrem eigenen Wahrheitsgehalt ... solange bis sie
es selber genügend satt haben, lügnerisch zu sein. Es hat keine*

Eile, denn es ist Das Höchste: es ist im HERZEN *der Dinge, ihr Getriebe und ihre innige Hoffnung. Kann die Evolution auf diesem Weg nicht weiterkommen, dann nimmt sie einfach einen anderen! So oder so werden wir hingelangen, denn* ALLES *führt zum Ziel.*

(Sri Aurobindo:) Die Finsternis der Erde wird sich nicht gegen das supramentale Wahrheitsbewußtsein behaupten können, denn hier auf der Erde selbst kann es genügend allwissendes Licht und allmächtige Geisteskraft aufbieten, um zu siegen. Möglicherweise werden sich nicht alle der Fülle seines Lichts und seiner Macht gegenüber öffnen, aber all jene, die sich öffnen, werden, in dem Ausmaß in dem sie es tun, die Änderung erfahren. Das wird das Prinzip der Transformation sein. (16.20)

Was das Supramental tun wird, kann das Mental nicht vorhersehen oder vorschreiben. Das Mental ist Unwissenheit auf der Suche nach Wahrheit; das Supramental ist definitionsgemäß das Wahrheitsbewußtsein, Wahrheit in Besitz ihrer selbst, die sich kraft ihrer eigenen Macht verwirklicht. In einer supramentalen Welt werden Unvollkommenheit und Mißhelligkeit notgedrungen verschwinden ... Was und wie es das Supramental tun wird und in welchem Ausmaß, sollte man jetzt noch nicht sagen — wenn das Licht hier ist, wird Es selbst die Arbeit vollbringen; wenn der supramentale Wille auf der Erde besteht, wird dieser Wille entscheiden. Es wird eine Vollkommenheit, eine Harmonie, eine Wahrheitsschöpfung begründen — was den Rest angeht, nun, es wird der Rest sein, das ist alles. (22.12)

(Mutter:) Ich habe alle nur möglichen Beispiele, eine kleine Mustersammlung der verschiedenen Re-

aktionen. Ich sehe, wie dieselbe Kraft — eine einzige Kraft — auf die Muster einwirkt und natürlich unterschiedliche Ergebnisse hervorruft. Aber diese "Unterschiede" sind für die tiefere Sicht sehr oberflächlich: "Es gefällt ihnen, so zu denken, also denken sie so". Aber um die Wahrheit zu sagen, an ihrem inneren Weg, ihrer inneren Entwicklung, ihrer wesentlichen Schwingung, ändert das nichts — gar nichts. Der eine sehnt sich von ganzem Herzen nach dem Nirvana, der andere strebt mit seinem ganzen Willen nach der supramentalen Manifestation, und in beiden Fällen ist die resultierende Schwingung ungefähr die gleiche. Es ist eine einzige Masse von Schwingungen, die sich mehr und mehr darauf vorbereitet ... das zu empfangen, was sein wird. (19.5.65)

Wir glauben, diese Erscheinung *(Mutter deutet auf ihren Körper)* sei ... Sie erscheint dem normalen Bewußtsein als das Wichtigste — offensichtlich wird sie sich als letztes ändern. Und für das normale Bewußtsein wird sie sich deshalb als letztes ändern, weil sie das Wichtigste ist: das wird das sicherste Zeichen sein. Aber das ist vollkommen abwegig!... Das ist es überhaupt nicht. Die Änderung IM BEWUSSTSEIN — die sich bereits vollzogen hat — ist das Wichtigste. Alles andere sind nur Folgeerscheinungen. Und hier in dieser materiellen Welt erscheint es uns als das Wichtigste weil ... Alles ist verkehrt.
Für uns, wenn der Körper wirklich etwas anderes sein wird als jetzt, dann werden wir sagen: "Ah! Jetzt ist es geschehen." — Das ist nicht wahr: es ist BEREITS GESCHEHEN. Das [der Körper] ist zweitrangig, eine Folgeerscheinung. (29.4.70)

Die Schlacht der Welt

Ganz praktisch gesehen war Mutters Körper das Feld einer riesigen Schlacht, die bei weitem über die Grenzen eines kleinen menschlichen Körpers hinausging. In ihrem Körper entschied sich in diesem Augenblick ein wenig die Zukunft der Welt.

(Mutter:) Das ist wirklich interessant, mein Körper ist wie der Ort der Schlacht zwischen dem, was hartnäckig weiterbestehen will, und dem, was dessen Platz einnehmen soll. Manche Augenblicke sind so herrlich — großartige Augenblicke — dann, in der nächsten Sekunde oder in der nächsten Minute, kommt solch ein gewaltiger Angriff!... Und mein Körper ... Nimm zum Beispiel die Nahrung: manchmal kann ich essen, ohne es überhaupt zu merken, außer daß alles köstlich schmeckt; und dann, eine Sekunde später, kann ich nicht mehr schlucken! Und das geht so *(Geste, von einer Seite zur anderen gezogen zu werden).* Mein einziges Hilfsmittel ist, so RUHIG wie möglich zu bleiben. Sobald ich ruhig bin, geht es besser. Es ist wie ... Plötzlich hat man den Eindruck, man muß sterben, und eine Minute danach ist es ... die Ewigkeit. Wirklich eine außergewöhnliche Erfahrung. Außergewöhnlich. Es gibt Augenblicke, in denen mir alles-alles derart verworren und düster erscheint — ohne Hoffnung, unmöglich, die Dinge klar zu sehen —, und eine Minute später klärt sich alles. (13.11.71)

Nicht wahr, dieser kleine Körper ... Dieser kleine Körper ist nur wie ein Punkt, aber er fühlt sich als Ausdruck einer UNGEHEUREN Kraft, obwohl er ... er ist ohne Fähigkeiten, ohne Ausdruck, nichts — und

ziemlich ... kläglich. Und dennoch ... gleich einer
Verdichtung — Verdichtung einer UNGEHEUREN
Kraft!... Manchmal fällt es ihm sogar schwer, sie
auszuhalten. (2.9.70)

Ich bin der festen Überzeugung (weil ich Erfahrungen gemacht habe, die es beweisen), daß das Leben dieses Körpers — das Leben, das was ihn bewegt und verändert — durch eine Kraft ersetzt werden kann; das bedeutet, man kann eine Art Unsterblichkeit schaffen und auch die Abnutzung kann aufgehoben werden. Diese zwei Dinge sind möglich: die Kraft des Lebens kann einsetzen und die Abnutzung kann verschwinden. Psychologisch kann das durch ein vollkommenes Unterordnen unter die göttliche Eingebung geschehen; das bewirkt, daß man in jedem Augenblick genau die Kraft hat, die man braucht, und genau das tut, was nötig ist — all das ist Gewißheit. Es ist nicht Hoffnung oder Einbildung: es ist Gewißheit. Nicht wahr, man muß lernen und langsam transformieren, die Gewohnheiten ändern. Es ist möglich, all das ist möglich. Aber, nur um ein Beispiel zu geben, wie lange wird es dauern, bis die Notwendigkeit eines Knochengerüstes beseitigt ist? Das scheint mir noch eine sehr ferne Zukunft zu sein. Vorher bedarf es noch vieler Zwischenstadien. Sri Aurobindo hatte erklärt, man kann das Leben beliebig verlängern. Das, ja. Aber noch sind wir nicht aus Stoffen beschaffen, die sich dem Zerfall, der Notwendigkeit des Zerfalls, gänzlich entziehen. Knochen sind sehr dauerhaft, sie können tausend Jahre halten, wenn man unter günstigen Bedingungen lebt, versteht sich, aber das bedeutet noch keine PRINZIPIELLE Unsterblichkeit ... Ich kann mir wohl einen ewigen Austausch vorstellen; ich könnte mir auch eine Blume vorstellen, die nicht

welkt; aber die prinzipielle Unsterblichkeit ... Im Grunde bedeutet das ein Leben, das sich der Notwendigkeit der Erneuerung entzieht: daß die Ewige Kraft sich direkt und ewig verkörpert, aber dennoch in einem physischen Körper *(Mutter berührt ihre Hand).*
Ich kann mir sehr gut eine allmähliche Veränderung vorstellen, die aus unserer Substanz etwas macht, das sich ewig von innen nach außen erneuert, und das wäre eine Art Unsterblichkeit; nur scheint es mir, daß zwischen dem, was jetzt ist — dem, was wir jetzt sind —, und diesem anderen Lebensmodus sehr viele Stufen zu durchlaufen sind. Siehst du, diese Zellen, mit dem ganzen Bewußtsein und der Erfahrung, die sie inzwischen haben, wenn du sie fragst: "Gibt es irgendetwas, das ihr nicht tun könnt?" Dann antworten sie mit aller Aufrichtigkeit: "Nein! Was der Herr will, kann ich tun." Das ist jetzt ihr Bewußtseinszustand. Aber die äußere Erscheinung ist natürlich anders. Meine persönliche Erfahrung ist folgende: alles, was ich mit der Gegenwart des Herrn tue, tue ich mühelos, ohne Schwierigkeit, ohne Ermüdung, ohne Abnutzung, so: *(Mutter breitet die Arme in einem großen harmonischen Rhythmus aus);* einzig, es ist noch dem ganzen Einfluß von außen unterworfen und der Körper ist gezwungen, Arbeiten zu verrichten, die nicht direkter Ausdruck der Höchsten Eingebung sind, und daraus entsteht die Müdigkeit, die Reibung ... Auch ein supramentaler Körper, der in einer anderen Welt als die Erde schwebt, ist keine Lösung!... Es muß etwas sein, das die Kraft hat, der Ansteckung zu widerstehen. Der Mensch kann der tierischen Ansteckung nicht widerstehen, er schafft es nicht, er hat dauernd Beziehungen damit. Nun, wie wird ein neues Wesen vorgehen?... Es scheint,

daß es noch für eine lange Zeit — lange Zeit — dem Gesetz der Ansteckung unterworfen sein wird.

(Satprem:) Ich weiß nicht, aber mir scheint das nicht unmöglich.

Nicht?

Ich habe das Gefühl, wenn diese Licht-Macht gegenwärtig ist: was kann ihr etwas anhaben?

Aber die gesamte Welt würde verschwinden! Das ist das Problem. Wenn Das kommt, wenn der Herr da ist, gibt es unter tausend Menschen nicht einen, den es nicht in Schrecken versetzt. Und nicht in seinen Überlegungen, nicht in seinen Gedanken: direkt, in seinem Fleisch. Nehmen wir also an, es wäre so — nehmen wir an, ein Wesen wäre die Verdichtung und der Ausdruck, ein Modus dieser Höchsten Macht, des Höchsten Lichts — was würde geschehen!

Nun ja, das ist das ganze Problem.

Ja.

Denn ich sehe keine Schwierigkeit in der eigentlichen Transformation. Es scheint mir eher ein Problem der restlichen Welt zu sein.

Wenn sich alles gleichzeitig transformieren könnte, ginge es, aber sichtlich ist das nicht so. Wenn sich ein einzelnes Wesen transformierte ...

Ja, das wäre vielleicht unerträglich.

Ja!

Darin liegt vielleicht das ganze Problem. (30.9.66)

Das Ende der Gewohnheiten

Welche Schlachten hat sie nicht geführt, welche Siege über die alten menschlichen Gewohnheiten errungen! Und das ohne Unterlaß, Tag und Nacht.

(Mutter:) Ich mache Entdeckungen ... Krankheiten, Unfälle, Katastrophen, Kriege, all das geschieht, weil das materielle menschliche Bewußtsein so klein, so eng ist, daß es eine fanatische Leidenschaft für Dramen hat ... Der Kern der Schwierigkeit liegt in dieser Schmalheit, in dieser extremen Kleinheit des physischen Bewußtseins — des materiellen physischen Bewußtseins —, das einen absolut perversen Hang zum Drama hat. Das Drama — die geringste Kleinigkeit wird dramatisiert: man hat Zahnweh, es wird zum Drama; man stößt sich an etwas, es wird zum Drama; zwei Staaten streiten sich, es wird ein Drama — alles wird zum Drama. Ein Hang zum Dramatisieren. Die geringste kleine Störung im Körper, eine winzige Kleinigkeit, die vollkommen unbeachtet bleiben sollte, oh, das wird eine ganze Geschichte, ein Drama! Der Hang zum Dramatisieren ... Dieselben Zähne, die ich schon so lange habe (das heißt, die seit so langer Zeit im selben Zustand sind!) und die mir jahrelang keine Schwierigkeiten gemacht haben, bilden sich plötzlich ein, sie müßten auch Dramen verursachen! Die Folge: wahnsinnige Zahnschmerzen, Schwellungen — alles vollkommen lächerlich, ganz und gar! Und, verstehst du, diese Entdeckung des Dramas ist nicht etwas Gedachtes, keine Überlegung: es ist eine schlagende Erfahrung; es wurde ertappt, wie man einen Dieb ertappt. Ich habe es ertappt. Und das ist etwas Globales, auf der ganzen Erde ... Sobald ich

verstanden hatte, begann es sich zu beruhigen ... Aber auch der Tod ist das Ergebnis des Hangs zum Drama — welch hübsches Drama! pah! (14.6.67)

Eine Erfahrung ist im Gange, ein Versuch zu lernen, wie man von der alten Vorgehensweise zur neuen gelangt, und da ... Der Körper weiß nichts. Er ist vollkommen unwissend — er ist unerfahren, er weiß nichts, er hat lediglich einen guten Willen *(Mutter öffnet die Hände)*. Er hat *(lachend)* eine gewisse Anzahl von Eindrücken des Geschehens, die nicht immer gerade angenehm sind, und das ist alles, er weiß nichts. Er kennt die Auswirkung nicht: wie, warum, all das ... Für manche Dinge ist es selbstverständlich, daß sie zu den Notwendigkeiten gehören: er muß essen, zum Beispiel; aber wieviel und wie?... Der Übergang: wie vollzieht man den Übergang? Wie sieht der Übergang aus, wie verläuft er?... Der Körper weiß nichts. Dieser arme Körper kann nichts sagen, weil er nichts weiß; man hat ihm klar und deutlich gezeigt, daß alles, was er glaubte über 90 Jahre hinweg gelernt zu haben, wertlos ist! *(Mutter lacht)* und daß alles noch zu erlernen ist. (20.12.69)

Im Körper (in den Zellen, im Bewußtsein des Körpers) vollzieht sich eine andauernde, große Schlacht zwischen all den materialistischen Ideen und dem wahren Bewußtsein, und das bewirkt ... *(Geste des Knirschens)*. Innerhalb einer Viertelstunde beginnt alles zu knirschen — man hat Schmerzen, fühlt sich unwohl, und es ist, als ob alles zerreißen würde, mit fürchterlichen Widersprüchen —, dann, unter dem Druck des wahren Bewußtseins, in einer Minute verschwindet all das plötzlich wieder, brrt! und es wird ... herrlich. Nur ist das nicht dauerhaft: der

Kampf geht weiter. Aber es ist wirklich interessant. (7.3.70)

Ich hatte das Gefühl, ich sei der ganze Schmerz der Welt — der ganze Schmerz der Welt zusammen empfunden ... Es gibt so einen Bereich, einen Bereich von einer so fürchterlichen Qual ... Merkst du, wie schwer es mir fällt zu atmen? — Das kommt daher. Es ist ständig ... Das liegt hier *(Mutter deutet einen Balken vor ihrer Brust an)*. Und es besteht so etwas wie ein Verbot, zu ... *(Geste des Aufstiegs zum Ursprung oberhalb des Kopfes)* ... Als müsse ich unbedingt etwas finden ... Seltsam, das greift so *(Geste von der Hüfte zu den Knien)*, hauptsächlich hier *(Hüfte)*. Ich kann nicht sagen, was das ist, aber es ist eine schreckliche Qual ... Wenn es hierhin kommt *(Brust)*, muß ich schreien. Es reicht in die Beine bis zu den Knien. Jetzt kann ich kaum noch gehen. Das ist ganz und gar physisch, materiell. Verstehst du, daß es überwunden werden wird, darüber bin ich mir ABSOLUT sicher, aber ... ist die Zeit jetzt gekommen? Das ist die Frage ... Und das, dieser Zweifel, ist eine Folter. (9.9.70)

Ein kleiner Körper schien die ganze menschliche Schwierigkeit, die ganze menschliche Schwere und Trägheit, zu vereinigen.

(Mutter:) Die ganze Zeit das Gefühl, zwischen Leben und Tod zu stehen. Sobald man die wahre Haltung einnimmt — sobald der BETROFFENE TEIL die wahre Haltung einnimmt —, geht es gut. Es geht ganz natürlich, leicht und gut. Das ist außerordentlich. Aber es ist auch ungeheuer, weil es eine ständige Gefahr bedeutet. Ich weiß nicht, vielleicht hundertmal am Tag gibt es das Gefühl: Leben oder

... (für die Zellen, verstehst du), Leben oder Auflösung. Und wenn sie sich dann verkrampfen, wie sie es zu tun gewohnt sind, dann geht es wirklich schlecht. Aber sie lernen zu ... *(Mutter öffnet die Hände in einer Geste der Hingabe)*, und dann geht es. (8.3.72)

Das ist wirklich seltsam: gleichzeitig, nicht eins im anderen oder eins mit dem anderen, sondern das eine UND das andere, gleichzeitig *(Mutter schiebt die Finger ihrer Hände zwischeneinander):* das Wunderbare und das Schreckliche. Das Leben, so wie es jetzt ist, so wie wir es in unserem normalen Bewußtsein empfinden — so wie die Menschheit es empfindet —, erscheint als etwas ... aber etwas derart Schreckliches, daß man sich fragt, wie man auch nur eine Minute darin leben kann; und das andere, GLEICHZEITIG: ein Wunder. Ein Wunder von Licht, Bewußtsein, Macht — wunderbar. Oh! Eine Macht! Eine Macht!... Nicht die Macht einer Person *(Mutter zwickt ihre Hand)*, etwas ... etwas, das alles ist ... und man kann es nicht beschreiben. (28.8.71)

Das ist wirklich etwas Neues — es ist NICHT MEHR wie vorher.
All unser gesunder Menschenverstand, unsere Logik und praktische Veranlagung: weggefegt, verloren — kraftlos! Ohne Wirklichkeit. Entspricht nicht mehr der Aktualität.
Das ist wirklich eine neue Welt. (6.5.72)

Wann werden wir mit den uns versprochenen wahren Schwingen losfliegen, wann wird die Erde Abbild unserer Träume sein? Nein, der Schlüssel zu unserer Zukunft liegt nicht auf Mars oder Venus, sondern wohl in uns selbst, hier auf der Erde. Es gilt zu verstehen, was geschieht, was geschah, in einem kleinen Körper, der in einem fernen Winkel der Weltkugel still dasaß und sich unverwandt auf einen bestimmten Punkt vor ihm konzentrierte, mit einer Intensität, die gleichzeitig furchtbar und ergreifend schien.

(Mutter:) In letzter Zeit hatte ich den Eindruck oder so etwas wie eine Wahrnehmung: einen Eindruck einer un-ge-heu-ren Macht! Eine Macht, die fähig schien, einen Toten wieder zum Leben zu erwecken, nicht wahr. Eine ungeheure Macht bedient sich dieses Körpers, ohne eine bewußte Identifikation, aber vollkommen natürlich, ohne ... als gäbe es keinen Widerstand. Es ist ein natürlicher Zustand, es ist weder dies noch das, es ist ... ALLES *(Andeutung einer unermeßlichen Bewegung)*, das entsprechend den Umständen handelt. (22.4.70)

Alles lag in diesem unverwandten Blick. Sie hatte ihre Augen auf "das Problem" gerichtet. Oder vielleicht manchmal auch auf die himmelblauen Felder der Freude, in denen wir uns dann tummeln können, endlich frei und leicht in unserem Körper.

(Mutter:) Etwas in der Welt hat sich wirklich geändert ... Natürlich wird es eine Zeitlang dauern, bis es wirklich gefestigt ist. Darin liegt ja die Schlacht. Von allen Seiten, auf allen Ebenen kommt ein Ansturm von Dingen, die äußerlich sagen wollen: "Nichts hat sich geändert." — Aber das ist nicht wahr. Es ist nicht wahr, der Körper weiß, daß es nicht wahr ist. Und jetzt weiß er in welchem Sinne. (14.3.70)

Der Widerstand

Da war "Das" und dann dies. Und wie gelangt man vom einen zum anderen? Der Vorgang hatte begonnen, dieses wunderbare und so überraschende Supramental war da, gegenwärtig auf der Erde, wirksam — aber ein menschlicher Körper war immer noch ein menschlicher Körper.

> *(Mutter:)* Die Schwierigkeit — die Schwierigkeit liegt darin, daß die Welt nicht bereit ist! Daß die Substanz, aus der wir beschaffen sind *(Mutter berührt ihren Körper)*, an der mangelnden Bereitschaft der Welt teilhat. — Natürlich, es ist die gleiche Substanz, alles ist gleich! Alles ist gleich. In diesem Körper hier ist vielleicht ein bißchen mehr Licht, aber der Unterschied ist so gering, daß man ihn nicht zu erwähnen braucht — es ist alles die gleiche Substanz ... Oh! Es ist eine abscheuliche Knechtschaft. (18.2.61)

> Mein Organismus fängt an, sich zu weigern, in der alten Weise zu funktionieren. Wie soll ich jetzt essen?... Überhaupt kein Interesse an Nahrung, überhaupt keins. Es erscheint sinnlos, und dennoch "muß man" essen. Und dann wollen die Ärzte, daß alles wie gewohnt funktioniert — das ist unmöglich. Und das versetzt mich in einen Zustand von ... es bewirkt einen Zwiespalt in der Natur. Verstehst du, es geht zu schnell und gleichzeitig widerstrebt die alte Natur — bestärkt durch die Ärzte und durch die Gewohnheit ... Aber ich verstehe wohl, daß es für die Leute erschreckend wäre, wenn die Transformation blitzartig geschähe. (30.1.71)

Ein Wunder? Plötzlich ein strahlender Körper? Aber wer würde das ertragen können? Die kleinen Menschen um Mutter konnten es schon jetzt nicht mehr aushalten, sie zeigten schon zunehmend deutliche Zeichen von Überdruß. Dieses Supramental war doch so seltsam und widersprüchlich! Mutter schien vor aller Augen zu entschwinden, anscheinend zu einer fortschreitenden physischen Machtlosigkeit bestimmt; sie aß fast nichts, schlief schon seit langem nicht mehr und verbrachte die Zeit in ihrem Sessel, leicht nach vorne gebeugt, den Blick unverwandt in den Raum vor sich gerichtet — wie Sri Aurobindo, damals — oder mit geschlossenen Augen und einem unbeschreiblichen Gesichtsausdruck.

(Mutter:) Ich bin mitten in der Transformation begriffen, deshalb habe ich die Kontrolle verloren. Ich kann nicht mehr, was ich vorher konnte. Aber ich sehe, ich sehe deutlich, welche Richtung es nehmen wird, aber es ist noch nicht erreicht. So bin ich zu nichts mehr von Nutzen ... Dies [der gegenwärtige Zustand] hat nur dokumentarischen Wert, denn wenn die Erfahrung beendet ist und das Supramental wirklich anfängt zu kommen, dann werden die Dinge sich ändern und dies wird nur noch von historischem Wert sein ... Wirklich ein Übergang zwischen zwei Welten. (4.8.71)

Der Körper fühlt sich nicht mehr der alten Seinsweise zugehörig, aber er weiß, daß er noch nicht in der neuen ist und daß er ... Er ist nicht mehr sterblich und noch nicht unsterblich. Es ist äußerst seltsam. Sehr seltsam. Und manchmal geht es über von furchtbarem Unbehagen in ... in das Wunder — seltsam. Eine unbeschreibliche Seligkeit. Es ist nicht mehr dies, und es ist noch nicht das. Sonderbar. (18.9.71)

Manchmal klagte ihr Körper wie der eines Kindes. Sie sprach schon lange nicht mehr, außer mit Satprem; alles, was in der

*Auffassung der Schüler für so viele Jahre "Mutter" gewesen
war, hatte aufgehört. Sie verbrachte ihre Zeit mit "schlafen",
sagte man.*

Gestern kam ich eine Zeitlang mit der Denkweise
der Leute in Berührung, mit dem, was sie denken ...
Und ich merkte, daß ich sehr vorsichtig sein muß —
es ist besser, ich halte den Mund! Denn sonst kann
es sehr leicht passieren, daß sie glauben, ich bin
vollkommen verrückt geworden! Du weißt schon:
"Sie ist alt, Arterienverkalkung des Gehirns, sie
wird etwas einfältig, sie wird wieder kindisch ..."
Ich sah das, es war sehr komisch! Ich sah ... eine
ganze Denkweise wurde mir gezeigt — ah, sie halten
sich alle für sehr intelligent, sie glauben, sie
wissen eine Menge! Nun ja ... (14.7.62)

Ich glaube wirklich, daß die physische Welt sich
ändert. Man wird es wahrscheinlich erst in einigen
Hundert Jahren merken, weil es lange braucht, um
für das gewöhnliche Bewußtsein sichtbar zu werden.
Aber das Gefühl *(Mutter fühlt die Luft)* ist ... wie
von einer anderen Beschaffenheit.
Hin und wieder sagt mir etwas: "Sage nichts, sage
nichts!" Ich muß den Mund halten, weil sonst die
Leute um mich glauben, ich werde langsam verrückt. (27.5.72)

Sie denken sich ... (sie sind sehr höflich, sehr
wohlerzogen), und so denken sie sich: Mutter ist
dabei ... Mit ihr geht's abwärts! *(Mutter lacht)*
Plötzlich, während ich etwas tue, schreibe oder anhöre
oder sonst irgendetwas, gelange ich in einen
Bewußtseinszustand, in dem ich alle die veränderten
Beziehungen wahrnehme, und eine Art Macht
kommt, die lernen will, angewandt zu werden; und

weil das äußerst interessant ist, nicht wahr, verfolge ich diese Bewegung, anstatt meine augenblickliche Tätigkeit fortzusetzen ... "Da schläft Mutter wieder mal ein!" In ihren Gedanken lese ich ihre Reaktionen sonnenklar ... Aber ich bleibe höflich, ich sage ihnen nichts. Wenn ich nicht höflich bliebe, würde das Katastrophen hervorrufen.
Was tun! Du weißt es jetzt wenigstens!
... Ich betrachte diesen Körper; manchmal, wenn das Unverständnis allzu groß ist, wenn die Mitmenschen allzu wenig Verständnis zeigen, dann sagt er: "Ah! Laß mich gehen." Er sagt mir ("er", was ist das? Das, was noch unbewußt ist, zu unbewußt und nicht empfänglich genug), er sagt: "Gut, laß mich, sei's drum, laß mich gehen." So. Aber nicht aus Überdruß oder Müdigkeit, sondern ... Und es ist wirklich mitleiderregend. Dann sag ich ihm *(Ton, wie man mit einem Kind spricht):* "Nein-nein-nein."
Es ist eine Frage der Geduld, weißt du. Eine Frage der Geduld.
Was wird geschehen?
Ich weiß es nicht. Wir werden sehen.
Du wirst es jedenfalls wissen. Du wirst ihnen sagen können *(lachend):* "Es ist nicht so, wie ihr glaubt..."
Ich würde es ihnen selber sagen, aber sie werden mich nicht hören. (15.6.68)

Und ständig der Gedanke, daß ich a-l-t bin, daß ich a-l-t werde, und so muß ihnen mein Bewußtsein zur Hälfte umnachtet vorkommen. Sie haben kein Vertrauen, was willst du da machen! (27.2.72)

Der erzwungene Abschied

Sie hatten genug davon gehabt. Genug von diesem unmöglichen Supramental, das Sri Aurobindo so lange versprochen hatte, das anscheinend 1956 "herabgekommen" war und von dem Mutter dauernd als etwas Vertrautem und Wunderbarem sprach, das man aber nie sehen konnte. Wo waren die "Wunderwerke" des Supramentals, wo der versprochene neue Mensch, die sonnige Transformation? All das hinterließ in den Gemütern einen großen Überdruß, schlechte Launen und ständige Streitereien zwischen den einen und den anderen: viele kleine Ausbrüche. Man hatte lange gewartet, viel Geduld für dieses Supramental aufgebracht, man hatte dem "sein Leben gewidmet", und mit welchem Resultat? War das nicht alles eine weitere Geschichte, ein Traum für's nächste Jahrtausend? Und Mutter saß schweigend in ihrem Sessel und "schaute"...

Das mußte einfach aufhören.

Also beschleunigten sie den Fortgang. Der "Verwegenste" unter ihnen ergriff die Initiative. Als erstes galt es, die Verbindung zu dem einzigen menschlichen Element abzuschneiden, das verstand, was Mutter in der Stille ihres Zimmers tat, und das sich nicht durch die Widersprüchlichkeit ihres Zustandes täuschen ließ; der einzige, mit dem sie noch sprechen konnte und der sie nicht für alt oder verrückt hielt.

(*Mutter:*) Zum Glück halte ich den Mund (ich spreche nur mit dir), sonst würden sie sicherlich sagen: "Mutter wird verrückt!" (22.4.70)

Ich muß vorsichtig sein, wenn ich mit Leuten zusammen bin, sonst glauben sie, ich werde verrückt!
(18.9.71)

Mein Kind, du bist der einzige, dem ich das sagen kann — es gibt sonst niemanden, nicht einen! Nicht

einen, der es auch nur verstehen könnte. Und das erschwert das Problem, denn ich werde ständig von der Stumpfsinnigkeit der Gedanken aller Leute bedrängt (stumpfsinnig im Sinne von Unverständnis) — die Gedanken meiner Mitmenschen, die glauben, ich sei ("ich", das was sie "ich" nennen, nicht wahr, "mich"), ich sei krank und ... Ich kann ihnen nichts sagen! (6.4.69)

Es galt Satprem zu entfernen, von dem sie den einzigen menschlichen Zuspruch erhielt und der dadurch die Weiterführung dieses unmöglichen und unverständlichen Experiments begünstigte. Eines Tages, als er wie gewohnt bei Mutter ankam, fand er die Tür ihres Zimmers verschlossen: "Mutter ist krank, sie kann niemanden empfangen." Mutter war "krank", das war leicht gesagt und ein idealer Vorwand. Sogar der Arzt war einverstanden, er wußte schon lange, daß Mutter "krank" war: Mutter war sehr schwach, aß nichts mehr, klagte sogar oft ... Mutter war also "krank", man mußte nur darauf kommen.

(Mutter:) Mein Zustand hat nichts mit einer Krankheit zu tun, von der man genesen kann! Ich kann nicht genesen! — Es ist eine Arbeit der Transformation ... Diese ganze Anschauungsart, diese Art zu fühlen und zu reagieren, gehört wirklich einer anderen Welt an — es ist wirklich eine andere Welt ... Das geht soweit, daß ich, wenn ich keine Rücksicht auf die Gemütsruhe der Leute nähme, sagen würde: "Ich weiß nicht, ob ich lebe oder ob ich tot bin." Denn es gibt ein Leben, eine Art von Schwingung des Lebens, die vollkommen unabhängig ist von ... — Nein, ich will es anders ausdrücken: die Art, auf die die Menschen das Leben normalerweise fühlen, ihr Gefühl des Lebendig-Seins, ist eng mit ihrem Selbstgefühl verbunden, mit dem Gefühl ihres Körpers und ihrer selbst. Beseitigst du dieses Gefühl vollkommen, diese Art von Gefühl, diese Art von Beziehung, die die Leute "ich lebe" nennen, wie kannst du dann sagen: "ich lebe" oder "ich lebe nicht"? — Das EXISTIERT NICHT MEHR ... Was sie also "ich lebe" nennen ... Ich kann nicht wie sie sagen: "ich lebe" — es ist etwas ganz anderes. (12.6.62)

Verstehst du, ich bin umgeben von Leuten, die mich für krank halten und mich wie eine Kranke behandeln, und ich weiß, daß ich nicht krank bin. Aber alles-alles ist zerstört ... gestört. (16.5.70)

Und natürlich ist es auch ärgerlich, daß die Leute nicht wissen, nicht verstehen, selbst jene, die ständig bei mir sind, wie der Arzt, zum Beispiel ... (18.2.61)

Danach vollzog sich alles sehr schnell. Ohne Satprem, vollkommen von der Außenwelt abgeschnitten, Tag und Nacht von ihren vertrauten Helfern "gepflegt" und bewacht, schaffte sie es noch sechs Monate durchzuhalten, entgegen aller Hoffnung. Eines schönen Tages ging sie dann. Am 17. November 1973 ist ihr Herz stehengeblieben. Endlich verstand man sie wieder! Ein steifer kleiner Körper auf einem weißen Laken ist wenigstens konkret und durchaus menschlich! Der Tod, ja, das verstand man. Man würde eine Heilige und eine Märtyrerin aus ihr machen, ein Begräbnis veranstalten, das ihrer würdig war, mit einem schönen Sarg aus Rosenholz, den man zu Sri Aurobindos eigenem unter die blumenbedeckte Marmorplatte legen würde. Da fand man sich wieder zurecht. Sri Aurobindo und Mutter wurden wieder zugänglich, man fühlte sich ihnen nahe und war voller menschlicher Emotionen, als man den Sarg von sechs Paar Armen getragen vorbeiziehen sah ...

Das Ende der Geschichte?

Der Vorhang fällt also. Die Geschichte ist zu Ende. All die Hunderte von Stunden der Gespräche mit Satprem, all ihre Worte, in denen sie etwas ganz und gar anderes andeutete als ein kleiner Tod am Ende, diese HOFFNUNG, die sie Tag für Tag ausgesprochen hatte — vorbei, vergessen, eine weitere schöne Geschichte? Der Tod macht seine Rechte geltend und alles hört auf?

Nun, nicht ganz.

Nein, das würde bedeuten, das Supramental und seine wahre Natur zu verkennen. Sri Aurobindo hatte nicht all diese Jahre gearbeitet, nur um noch eine "Lehre" hervorzubringen (auch nicht um Wunder zu vollbringen), sondern um ein neues Bewußtseinsprinzip auf die Erde zu bringen, eine andere Art, das Leben — und den Tod — zu leben. Er hatte seine Arbeit gründlich und aufrichtig getan: er hatte den Boden vorbereitet, den neuen Keim herangezogen, Tag für Tag über die ersten zerbrechlichen Wurzeln gewacht ... Mutter, ihrerseits, hatte eine erste sichtbare Pflanze zum Wachsen und aus dem Boden heraus ans Tageslicht gebracht. Das war der Beweis, daß die Wurzeln stimmten, daß sie die irdischen Bedingungen aushielten. Der Beweis war erbracht, daß ein neues, wahres Leben auf der Erde möglich war. Was konnte man sich noch wünschen? — Es blieb nur noch, selber den Versuch zu unternehmen.

(Sri Aurobindo:) Die Absicht ist nicht, die gesamte Menschheit zu supramentalisieren, sondern das Prinzip des supramentalen Bewußtseins in der Erd-Evolution zu begründen. Ist das erst erreicht, wird die supramentale Kraft selbst alles Erforderliche hervorbringen. Es ist deshalb nicht nötig, daß die Mission weitverbreitet sei. Wichtig ist, daß die Sache in einigen wenigen vollbracht wird, wie klein

auch immer ihre Anzahl; das ist die einzige Aufgabe. (22.11)

(Mutter:) Ich kann es zwar nicht mit Sicherheit sagen, aber es scheint das erste Mal zu sein, daß das Instrument nicht kam, um die "Botschaft", die "Offenbarung" zu verkünden, um die Erleuchtung zu bringen, sondern um zu ... versuchen etwas zu verwirklichen: um das Werk zu vollbringen, die unangenehme Arbeit zu verrichten. Und in der Tat erkennt er [der Körper] es, aber er verliert sich nicht in der Seligkeit der Erkenntnis, und er wird ständig zur Feststellung gezwungen, wie viel Arbeit TROTZ dem noch zu tun bleibt!... So wird der Körper erst froh sein können, wenn die Arbeit getan ist — was bedeutet "die Arbeit ist getan"? — Etwas ist BEGRÜNDET. (15.11.67)

Jetzt liegt es an uns, den Menschen, die Aufgabe zu übernehmen, zu verstehen, was sie getan haben, und den Spuren und Anhaltspunkten, die sie hinterlassen haben, zu folgen. Eine neue Welt, eine neue Seinsart auf der Erde, ist schließlich gar nicht so schlecht. Es sei denn, wir wollen auf die alte Art fortfahren? Die Möglichkeit besteht offensichtlich. Die Wahl liegt ganz bei uns. DAS *können sie nicht für uns tun. Diesen kleinen Einsatz müssen wir aufbringen.*

Sicher, Mutter ist gegangen, aber sie hatte ihre Aufgabe gänzlich erfüllt. Sie war bis zur letzten Minute, bis zur äußersten Grenze geblieben. Sie entschied sich zu gehen, wirklich nur weil das Unverständnis um sie zu absolut war. Sie hätte genauso gut unbegrenzt lange bleiben können, könnte man sagen, denn sie hatte das Geheimnis des Über-Lebens gefunden.

(Mutter:) Einen Schritt muß die Menschheit SOFORT tun: die endgültige Genesung von ihrer Ausschließ-

lichkeit. Genügend plastisch und weit sein, um alles zu vereinen. Daran stoße ich mich zur Zeit dauernd, in ALLEN Bereichen — in allen Bereichen ... Auch im Körper. Der Körper ist gewohnt zu sagen: "Dies und nicht das, dies ODER das, dies oder das ..." Nein-nein-nein: dies UND das.
Die Große Trennung, nicht wahr, ist: das Leben und der Tod — das ist es. Und alles andere folgt daraus. Nun, die Worte sind kindisch, aber das *Über-Leben* ist das Leben und der Tod zusammen. (3.1.70)

Ich habe das Gefühl, ich werde eine andere Person. Nein, nicht nur das: ich betrete eine ANDERE WELT, eine andere Seinsart ... man könnte es (im gewohnten Bewußtsein) eine gefährliche Seinsart nennen ... Gefährlich, aber wunderbar. Die Empfindung des Körpers zeigt mehr und mehr, daß nur das Vertrauen und der Glaube helfen können — zu wissen, ist noch nicht möglich, und deshalb kann nur der Glaube helfen.
Nun, "der Glaube rettet" scheint eine sehr alte Redewendung zu sein ... (Wie kann ich sagen?...) Es ist das Gefühl, daß die Beziehung zwischen dem, was wir "Leben" nennen, und dem, was wir "Tod" nennen, zunehmend anders wird — anders *(Mutter nickt),* vollkommen anders.
Verstehst du, es ist nicht so, daß der Tod verschwindet (der Tod, so wie wir ihn uns vorstellen, wie wir ihn kennen, in Bezug auf das Leben, wie wir es kennen): das ist es nicht, das ist es überhaupt nicht. BEIDE sind im Begriff, sich zu ändern ... in etwas uns Unbekanntes, das sowohl äußerst gefährlich erscheint als auch ganz und gar wunderbar. Gefährlich, denn der geringste Fehler hat katastrophale Folgen. Aber auch wunderbar.
Das ist das Bewußtsein, das wahre Bewußtsein der

**Unsterblichkeit — nicht "Unsterblichkeit", wie wir sie uns vorstellen, es ist etwas anderes.
Unser natürliches Bestreben ist, daß gewisse Dinge wahr sind (jene, die uns von Vorteil erscheinen) und daß gewisse andere Dinge verschwinden sollen, aber das ist es nicht! Das ist nicht so. ALLES wird anders.**
(12.7.72)

Ihr kristallklares Lachen wird uns sehr fehlen. Wäre sie hier, könnten wir zusammen gehen, Hand in Hand, einer froheren Erde entgegen. Aber sie ist nicht weit, ein Hauch und sie ist hier — und wer weiß, ob sie nicht eines Tages erscheinen wird, wenn unsere physische Sicht sich endlich geöffnet hat?

An dieser Stelle erhalten Satprems Dasein und Suchen ihre wahre Bedeutung. Mutter hatte oftmals wiederholt, daß er der einzige war, der verstand, was geschah, er war der einzige, der die offizielle Version von Mutters Tod nicht höflich schluckte. Alleine die offizielle Version einer so ... konkreten Tatsache anzufechten, ist kein leichtes Unternehmen: "Bin ich nicht doch etwas verrückt? Träume ich?" Zweifellos muß man schon sehr verrückt sein, um es mit einer so respektablen und spirituellen Meute aufzunehmen. Dazu braucht man Mut und vielleicht noch mehr. Satprems Kampf, um nach Mutters Abschied die Agenda zu bewahren und sie trotz all der versammelten "brüderlichen" Hindernisse vollständig zu veröffentlichen, ist des besten "James Bonds" würdig. Eines Tages wird die Geschichte dieses Kampfs eine sehr spannende Erzählung abgeben. In der Zwischenzeit, und darauf kommt es an, sind wir mitten in der zweiten Phase der Erfahrung: in der menschlichen Phase. Werden die Menschen erkennen, daß die Welt sich geändert hat? Alles kann geschehen; die heutige Welt ist hinreichend katastrophal und gefährlich, wie wir wissen; die verschiedensten globalen Katastrophen scheinen auf uns zu lauern. Werden sie sich handfest zeigen müssen, damit wir verstehen, daß die menschliche Welt in ihrer gegenwärtigen Form am Ende ist, daß sie sich in etwas anderes verwan-

deln MUSS oder vergehen wird? Aber es gibt auch die "andere" Möglichkeit — in den Zellen —, die uns in eine neue, überraschende Welt versetzen würde, in der all die alten katastrophalen Phantome KEINEN PLATZ mehr haben, eine Welt absoluter Spontaneität, unendlichen Raumes, ewiger Jugend ... Aber die alten Phantome scheinen noch eine große Anziehungskraft auf das menschliche Bewußtsein auszuüben. Welches wird überwiegen? Es ist fast ein Wettlauf. Ohne Zweifel bedarf es sehr wenig, um der Waage den Ausschlag zu geben: einige menschliche Blicke, die sich öffnen, und dann ...

Das steht auf dem Spiel und das ist die Bedeutung dieses ersten Menschen, der versucht Mutters und Sri Aurobindos Spuren in den Zellen des menschlichen Körpers zu folgen. Alles ist noch möglich, alles steht noch offen, weil dieser Mann sich müht und es versucht. Werden wir seine Worte verstehen können? Vielleicht drängt die Zeit mehr als wir glauben.

2. Teil

SATPREM:

Wir werden es versuchen

Er löste sein Mental vom Leben und stillte es, um zu wissen,
Trennte sein Herz von der Blindheit und dem Schmerz,
Vom Siegel der Tränen und der Fessel der Unwissenheit,
So wandte er sich,
den Grund des Versagens der Welt zu finden.*

Um eine Evolution zu bewirken, muß man Verbindung mit seinem Körper haben. Wir sind nie in Verbindung mit unserem Körper — oder wenn, dann nur über eine Reihe mehr oder weniger entstellender Filter, über die ganze vertikale Struktur, die wir "uns selbst" nennen: unser Denken, unsere Gefühle, unsere verschiedenen Empfindungen und Reaktionen auf die Lebensimpulse. Wir "denken" unser Körper ist krank, weil die Symptome entsprechend sind; wir "fühlen", daß jener Schmerz eine Verschlimmerung des Leidens bedeutet; wir "fürchten" den Krebs und "haben Angst" zu sterben — am Ende ist es immer der Tod. Aber was hält der Körper selbst von all dem? Und wie können wir überhaupt erfahren, was er davon hält — oder, genauer gesagt, was er wirklich erlebt —, solange wir für ihn denken, für ihn fühlen und das Schlimmste für ihn befürchten (es ist doch immer das Schlimmste)? Dieser schwirrende Automatismus — all diese "Schichten" von Gewohnheiten, die unseren Körper in ein gnadenloses Geflecht vorgefertigter Wahrheiten und im voraus geschlossener Folgerungen fesseln — muß lernen, sich nicht mehr einzumischen: er muß zum Schweigen gebracht werden. Der Körper MUSS vollkommen sich selbst überlassen sein, um seine eigenen Fähigkeiten zu entdecken, die gewöhnlich durch unsere ganze mentale und vitale Tätigkeit verdeckt werden. Alleine muß der Körper seine Geheimnisse enthüllen können. Ist er Abbild des Göttlichen, ist er von göttlicher Beschaffenheit, so MÜSSEN seine noch nie gesehenen göttlichen Eigenschaften sich in

* Sri Aurobindo, *Savitri*, S. 202.

jenem Augenblick zeigen, in dem er wahrlich sich selbst überlassen ist. Das ist ein gewagtes, vielleicht tödliches Spiel. Aber wie wir sehen werden, ist die Grundprämisse durchaus wahr: der Körper IST göttlich. Sich selbst überlassen, zeigt er das auf überraschende Art (das heißt, wir sind diese Art Wunder nicht gewohnt, für den Körper hingegen sind sie ganz natürlich).

Die Durchquerung

Aber lassen wir Satprem selber beschreiben, in einem seiner letzten Briefe, welch eine Schlacht man schlagen muß, um die Kruste unserer Gewohnheiten zu durchbrechen:

Juni 1983

Die Neue Welt ist keine Flucht: sie ist eine Eroberung. Eine schwierige Eroberung, schwieriger als die Überquerung der Sahara oder die Bezwingung des Everest — das sind Kinderspiele. Es ist nicht meine Gewohnheit, zu übertreiben. Wenn du jetzt nicht fähig bist, DEINE Schlacht zu schlagen, dort wo du bist, dann wirst du es später auch nicht können — jetzt bestehst du die Probe (oder auch nicht).

... Und es wird in der Tat gefährlich, denn die Neue Welt duldet keine Sekunde von Täuschung, kein Körnchen Lüge — oder man besteht die Probe nicht, es schmeißt einen raus; und es kann durchaus brutal sein. Einst sprach man von "Drachen" und "Schlangen", die den "Schatz" bewachten — das ist eine bildhafte Übertragung einer wahren Tatsache. Den Drachen kannst du nicht täuschen: bist du nicht rein, verbrennt er dich. Folglich MUSST du deine Schlacht der Reinheit, der Aufrichtigkeit, der Ehrlichkeit, der wahren und göttlichen Einfachheit jetzt kämpfen, sonst schmeißt es dich raus, und das zweite Mal wird es vielleicht schwieriger sein als das erste Mal. Diesen schwerwiegenden und ernsten Dingen tritt man nicht gefahrlos gegenüber — aber die Gefahr besteht nur für das Unaufrichtige und Unreine.

... Worin besteht diese Schlacht? Das ist sehr einfach. Das allgemeine und weltumfassende System ist bekannt (das heißt, einige kennen es: jene, die versucht haben, aus ihm auszubrechen). Dieses System ist sehr grausam: unerbittliche und äußerst gemeine Kräfte stehen an allen Straßenecken und lauern auf den "Zuwiderhandelnden", und wenn du zuwiderhandelst, fletscht das Abscheuliche die Zähne. Solange du im Gleichschritt mittrittst, zeigt dir das Abscheuliche ein Lächeln und Liebenswürdigkeiten: es nennt sich Gerechtigkeit, Dichtung, Religion, Ideal — es nimmt alle Masken an, um die wahre Geschichte, die abscheuliche Geschichte, zu verbergen. Mich hat man auf brutale Weise von den Masken befreit, als ich zwanzig Jahre alt war* — seit vierzig Jahren bin ich jetzt der Zuwiderhandlung schuldig. Ich verstehe das Metier.

Ist man also mutig und etwas beharrend, verläßt man das System. Das ist noch der einfachste und "lustigste" Teil der Schlacht. Man ist "dagegen", ganz einfach. Man "steigt aus", ganz einfach (nicht immer einfach). Aber dann, wenn man sich selbst gegenüber ehrlich und aufrichtig ist, merkt man sehr schnell (mehr oder weniger schnell), daß das System seine Wurzeln IM INNERN hat, in eurer eigenen Haut. Das Abscheuliche ist vollkommen innen und hält euch an Tausenden unsichtbaren kleinen Fäden, die euch hierhin und dorthin tanzen lassen. Es fängt an, sehr viel weniger lustig und sehr viel schwieriger zu werden, denn jetzt fletscht das Abscheuliche, das System, seine Zähne im Innern — ich versichere dir, da muß man sehr heldenhaft sein, um nicht aufgefressen zu werden. Man kann auch aufgefressen werden, indem man sich schöne Geschichten vormacht. Und nun merkt man, daß es sich nicht um kleine Schutzmänner rechts und links handelt, freundlich und leicht erkenntlich an ihrer Uniform,

---

* In den Nazi-Konzentrationslagern, in denen Satprem für eineinhalb Jahre wegen Widerstandsaktivitäten verhaftet war.

sondern um universelle und grausame Kräfte, die die gesamte Welt der Menschen gefangen halten — man ist der erste Wächter des eigenen Gefängnisses. Da, das habe ich gelernt, muß man sehr stark sein, das bedeutet sehr REIN — die Reinheit ist die EINZIGE KRAFT. Um den Drachen zu erlegen, hilft NUR die Reinheit, es gibt keine andere Waffe.

Die Neue Welt besteht also darin, das System IN UNS SELBST zu entwurzeln. Und schließlich reichen die Wurzeln des Systems bis in den genetischen Kode und in die Tiefe jeder Zelle hinab, sind wir doch der Sohn des Vaters, der der Sohn des Großvaters war, der wiederum ... Die gesamte heilige Kirche und der gesamte heilige Schrecken liegen dort. Wird dir das Ausmaß der Schlacht deutlich?

Bist du noch dabei, mit dem Maschinengewehr zu fuchteln, mit der Faust auf den Tisch zu schlagen, Gedichte zu schreiben und "ICH-ICH" zu sagen, so liegst du vollkommen falsch und bist gänzlich ein Spielball in den Händen dieser grausamen Kräfte — du schreibst revolutionäre Gedichte und die Romane des fabelhaften "ICH-ICH", das eine lächerliche kleine Marionette ist. Diesen Kräften ist die Revolte ebenso recht wie die Unterwerfung, das Übel ebenso wie das Gute, und die sogenannte Liebe ebenso genußvoll und köstlich wie der Haß. Dies sind die zwei Masken des Abscheulichen. Und das "Ich-Ich" ist die schmackhafte kleine Marionette dieser Kräfte. Der Ausweg aus diesem horrenden System beginnt mit dem Hinauswerfen dieses berühmten "ICH-ICH", denn das berühmte "ICH-ICH" ist in jedem Fall nur das ICH-ICH des Großvaters, des Urgroßvaters und der ganzen heiligen Sippe — aus DER Sippe muß man radikal ausbrechen.

... Ich werde dir eine kurze Geschichte erzählen. Das trug sich vor mehr als 25 oder 30 Jahren zu. Ich war in Ceylon (aber es war eine andere Welt), im Süden Ceylons, in einem Dorf am Rande des Dschungels. Ich lebte im Tempel und schlief im Tempel; jeden Tag erbettelte ich mir mein Essen mit meiner Kupferschale (das war die Zeit, als ich GLAUBTE, das System verlassen zu haben!). Meistens gab man mir Reis mit feingehackten grünen Pimentos. Diese Pimentos waren so scharf, daß mir beim Essen die Finger brannten. Schließlich, weil ich schon im KZ Typhus und später eine Amöbenruhr gehabt hatte, fing ich an, jeden Tag Blut zu spucken. Ich war sehr krank, machte aber trotzdem weiter, weil ich sehr hartnäckig bin. Eines Tages, während ich meine Kupferschale im Fluß wusch, bemitleidete ich mich selbst ein wenig, ich sagte mir: "Siehst du, du bist alleine am Ende der Welt (denn damals glaubte ich noch, es gäbe ein 'Ende der Welt'), du hast gar nichts mehr, du bist dabei zu krepieren." Kurz, ich erzählte mir mitleiderregende Geschichten, aber ich war doch in einem schlimmen Zustand. Dann, ganz plötzlich, während ich noch meine Kupferschale säuberte und meine zerschundenen Gedärme einschnürte, überkam mich eine Kraft, ergriff mich, und schrie mir geradezu in die Ohren: "Was macht das denn aus, WAS DU DARÜBER DENKST!"

Ich versichere dir, eine Maske ist gefallen. Plötzlich war ich nicht mehr derselbe: was immer ich dachte, hatte nicht die geringste Bedeutung mehr. Alles, was man denkt, ist Roman, Schwindel, Lügen-Lügen-Lügen. Die Dysenterie ist Lüge, der Typhus ist Lüge, der Krebs ist Lüge, alles, was man denkt, ist Lüge — man denkt nur Falsches und Schwindel. Es gibt ETWAS ANDERES.

Das ist die erste Maske, die fällt, die mentale Maske.

Dann gibt es eine zweite Maske: die Maske der ewigen und brillanten Gefühle, die dem Menschen eigen sind. Diese Maske ist sehr viel trügerischer und zäher: man "liebt", man "fühlt", oh! Die ganze heilige Sammlung der Leidenschaften und Begierden und Gemütsempfindungen und "ich fühle" — und all das sind nichts als kleine abscheuliche Fäden, gezogen von denselben grausamen Kräften. Auch hier muß man zu dem Schrei gelangen: "Was macht das denn aus, was du fühlst!" Und ein ganzes Theater fällt weg.

Nicht leicht.

Ist diese zweite Maske, die vitale Maske, gefallen, kommt man dem Punkt sehr nahe, den ich "brennendes Nichts" nennen würde. Das heißt, es gibt nichts mehr, alles ist gebrochen, DEMASKIERT — man ist null und lächerlich und gar nichts. Jetzt beginnt es im Innern zu brennen. Das heißt, es beginnt zu SEIN. Etwas, das weder der Großvater noch der Urgroßvater ist, weder Dichtung noch Religion noch Ideal, nichts von der ganzen verdammten, abscheulichen Geschichte — etwas, das IST — ohne Worte, rein, so einfach wie das Feuer oder wie ein Kind. Man ist das Kind des Feuers. Man ist das brennende Nichts. Man IST.

Das ist der Anfang.

Danach muß man weitergehen und die anderen Lügen in der Tiefe des Körpers entwurzeln, in den Zellen — das ist der letzte Teil der Schlacht. (Brief von Satprem an einen Bruder)

Diese Durchquerung, dieser Hinabstieg zur Ebene der Zellen, dauert natürlich Jahre. Das ist sehr schnell, denkt man an die Jahrtausende von menschlichen Gewohnheiten, die man auf diese Weise durchquert. Es bedarf eines gewissen Mutes, aber vor allem vieler Geduld und Ausdauer. Es läßt sich durchaus inmitten des täglichen Lebens erreichen. In der Tat, man MUSS dazu im Leben stehen, denn das Leben liefert in jedem Augenblick die Gelegenheiten, unseren Fortschritt, das heißt das Ausmaß der Beruhigung der verschiedenen Teile des Wesens, zu messen: solange es noch Reaktionen auf dies und jenes gibt, ist der betroffene Punkt noch nicht beherrscht, zur Ruhe gebracht — ALLES muß still werden.

Für Satprem muß sich diese Durchquerung unbemerkt vollzogen haben, zur Zeit als Mutter noch lebte und ihm ihre Erfahrungen anvertraute und später, nach Mutters Abschied, während er Schritt für Schritt und sehr "äußerlich" kämpfen mußte, um die Agenda *zu veröffentlichen. 1982, nachdem die 13 Bände der Agenda ordnungsgemäß erschienen waren, das letzte Komma gesetzt war, stand Satprem plötzlich vor einer schrecklichen Wand: er hatte seine ganze "äußere" Arbeit beendet. Er hatte die erforderlichen Bücher und Hunderte von erforderlichen Briefen geschrieben, unablässlich Ermutigungen an die einen und die anderen verteilt, und sein ruhiges Lächeln geschenkt, das mit einem Schlag all unsere kleinen Wolken vertrieb. Was blieb jetzt zu tun? Ein Mensch, in einem Körper, muß etwas* TUN. *Das Feuer in seinem Herzen sagte ihm, daß er gewiß nicht bis zum Sankt-Nimmerleins-Tag weiter Bücher und Briefe schreiben konnte. Das hatte er nun ausführlich getan, aber es ging nie über eine bestimmte Routine hinaus, die zwar sicherlich für den Empfänger angenehm war — doch vielleicht hatte er etwas anderes zu tun?*

Wir werden es versuchen

So kam es, daß ausgehend von dem prekären Zustand, in dem er lebte und in dem viele der menschlichen Gewohnheiten aufgehoben waren, sich nach und nach von INNEN *die Notwendigkeit aufdrängte, noch tiefer, direkt in den Körper, zu dringen, wie Mutter und Sri Aurobindo es getan hatten. Dies geschah im Mai 1982:*

... Das was vorher nur eine "Idee" oder Vermutung war [die Transformation], ist zur einzigen dringenden und imperativen Tatsache geworden. Ich weiß nicht, wie ich darin zurechtkommen soll, ich sehe nur eine zwingende, unumgängliche, man könnte sagen nicht rückgängig zu machende Aspiration und daß es zu einer Art physischer Notwendigkeit geworden ist, ein Bedürfnis in der Schwärze, und daß ich nichts anderes mehr tun kann. Ich kenne keine Richtung, weiß nicht, wohin ich gehe, aber irgendwie ist das unbedeutend; bedeutsam ist diese ausschließliche Konzentration und die Abwicklung eines fast physischen Dranges, der seine eigene unabwendbare Richtung enthält, enthalten muß. Das ist wie ein Erwachen der Aspiration im physischen Bewußtsein und folgt seinen eigenen (für mich) unbekannten Gesetzmäßigkeiten. Alles, was ich weiß, ist, daß ich ausschließlich darin leben will. Alles, was ich mental und fast physisch sehe, ist die Notwendigkeit, einen ersten irdischen Vorläufer der neuen Spezies zu formen — einen ersten Schritt zu tun, eine erste Möglichkeit zu verwirklichen, als konkrete und nachvollziehbare Hoffnung für die anderen Menschen, die dazu fähig sind. Die Erde braucht eine konkrete Hoffnung und ein erstes deutliches Zeichen ihres weiteren Weges — daß alle sagen können, selbst wenn sie noch nicht fähig sind, es zu verwirklichen: dorthin gehen wir. Das ist das einzige, was offensichtlich zu tun ist, selbst wenn es unmöglich scheint. Das was mir früher als übermäßiger Ehrgeiz erschienen wäre, ist eine einfache und indiskutable Tatsache geworden. Es ist mir vollkommen gleichgültig, ob ich der "erste Vorläufer" sein werde, aber irgendwo auf der Erde muß es geschehen, in einem ersten Menschen, der seinen Körper "dem" zur Verfügung stellt. Es ist mir vollkommen gleichgültig, ob ich es schaffe oder nicht, und irgendwie geht mich das auch nichts an; was mich angeht ist, es bis zum Ende zu versuchen. Es ist möglich und sogar wahrscheinlich, daß einige andere Unbekannte das gleiche versuchen, auf ihre eigene Art, unter einer anderen Terminologie und in einer anderen Form, denn der evolutionäre Druck ist unabwendbar und zwingend und bemächtigt sich eines jeden, dem es gefällt, sich "zur Verfügung zu stellen". Was immer mit den anderen geschehen mag, ich fühle mich gezwungen, diesem Weg zu folgen, ohne Nuancen von "ich" in der Angelegenheit — übrigens weiß man auch überhaupt nicht mehr, wo das ich ist, in diesem tastenden Schwarz, in dem die einzige Hoffnung ist, die Göttliche Hand zu nehmen, *if it cares to take mine* [wenn sie die meinige nehmen möchte]. Eine einzige neue Tatsache ist hinzugekommen, eine wesentliche und einfache Tatsache: eines Tages (es war der 14. Mai) fühlte ich etwas, das ja sagte. Dies und die Aspiration des physischen Bewußtseins sind die beiden einzigen treibenden Kräfte in etwas, das ansonsten vollkommen blind erscheint.

... Es ist unabwendbar, daß ein erster Vorläufer der göttlichen Spezies auf der Erde erscheint. Und das kann IRGEND-

JEMAND sein, wesentlich ist nur, daß unsere Aspiration diesen "jemand" zu seiner göttlichen Bestimmung trägt. Das Unternehmen ist sicher. Indem sie sich zurückzogen, wollten Mutter und Sri Aurobindo dem Menschen die Gnade oder Aufmerksamkeit schenken, ihn die ersten Schritte seiner Evolution selber tun zu lassen und die Pforten zu durchschreiten, die sie geöffnet haben. Satprem ist nur ein Suchender unter anderen und mit ihm oder ohne ihn wird das Werk geschehen und ein erster irdischer Vorläufer wird unumgänglich zum göttlichen Leben geboren werden.

(Brief von Satprem an Luc — Mai 1982)

Gleichzeitig beschloß Satprem, sich mit Sujata, seiner Gefährtin, zurückzuziehen, abseits von der Welt — nicht um sich fern des Lebens an einem wohlverdienten Frieden und seinen Errungenschaften zu erfreuen, sondern um sich ausschließlicher diesem letzten Kampf um die Wurzeln des Lebens hinzugeben. Es war notwendig, eine ungeteilte Konzentration herzustellen, denn auf dieser Ebene kann der geringste Fehler tödlich sein; mit den Abläufen der Zellen kann man sich keine "Unaufmerksamkeiten" erlauben — wir hängen zu sehr von ihnen ab.

Die doppelte Vertäuung

Seit jenem "strategischen" Rückzug gab es von ihm einige wenige wesentliche Nachrichten, Anhaltspunkte der eingeschlagenen neuen Phase:

April 1983

Ich will dir einen "Traum" erzählen, den ich vor kurzem hatte, und der Teil der Anhaltspunkte der Geschichte seit Mutters Weggehen ist. Eigentlich ist es die Fortsetzung und der Abschluß einer Vision, die ich gleich nach ihrem Abschied hatte, in der ich eine enorme Kluft in der Wüste sah, und ich selbst lag auf dem Bauch ausgestreckt über der Kluft (mit meinem Fahrrad auf dem Rücken!), um die Kluft zu überbrücken oder um die andere Seite zu erreichen. Die Bedeutung der Vision, die ich dir jetzt erzählen will, wäre mir fast entgangen, aber ich hatte eine Erfahrung, die mir plötzlich die Bedeutung und die Wichtigkeit, von dem was ich gesehen hatte, zeigte.

Hier ist mein Tagebucheintrag vom 21. März (Tag der Frühlings-Tagundnachtgleiche):

"Ich erinnere mich, vor zwei Tagen, in der Nacht vom 18. zum 19., etwas gesehen zu haben, das jetzt Bedeutung gewonnen hat: ich war an Bord eines ziemlich großen Schiffs (es schien kein Segelschiff zu sein) und wir waren gerade dabei, anzulegen und am Kai festzumachen. Da bewegte sich das Schiff und ich sah die große Stahltrosse, die am Poller festgemacht war, aber die Trosse entrollte sich und das Schiff verließ den Kai, OHNE DIE TROSSE LOSZUWERFEN, und entfernte sich von der Küste. Dann kamen wir in einiger Entfernung an einem wunderschönen, ganz weißen Gebäude vorbei, das dort völlig alleine mitten aus dem Meer auftauchte (im nachhinein gesehen war es vielleicht ein Tempel, jedenfalls sehr sauber, ganz weiß, sehr harmonisch, es lag vielleicht auf halber Strecke), und schließlich erreichte das Schiff das andere Ufer oder die andere Seite (von was, weiß ich nicht, und ich kann nicht sagen, daß ich ein 'Ufer' sah, aber es war 'auf der anderen Seite' vom ersten Kai, mit dem wir weiterhin vertäut waren). Und dann haben wir auch dort mit einer dicken Stahltrosse festgemacht. Und ich bemerkte: 'Sieh, wir machen eine doppelte Vertäuung.'

Ich kann das Schiff nicht beschreiben, denn das Manöver beanspruchte meine volle Aufmerksamkeit, und ich sah auch nicht, wer sich sonst noch an Bord befand, aber es schienen noch einige Personen dort zu sein, jedoch nicht viele. Und auf dieser Seite gingen wir an Land. Das, was vor allem mein Bewußtsein beherrschte, war diese 'doppelte Vertäuung' und die dicke Stahltrosse, die uns mit dem ersten Kai verband.

Wenn man es richtig versteht: die beiden Seiten sind durch ein dickes Tau verbunden und man löst nicht die Vertäuung auf der einen Seite, um zur anderen zu gelangen. Eine doppelte Vertäuung."

Ich glaube, der erste Kai stellt die Erde dar und der andere Kai die supramentale Welt. Das schneeweiße Gebäude auf halber Strecke scheint die Welt der Götter und der Religionen darzustellen.

Siehst du, ich glaube wir sehen Land.

(Brief von Satprem an Luc)

Das Neue

Das Bild ist sehr deutlich: Satprem hatte die Verbindung hergestellt, die "doppelte Vertäuung" zwischen dem irdischen Ufer, der körperlichen Substanz, und dem supramentalen Ufer "da oben". Wie Sri Aurobindo, wie Mutter, waren seine Zellen in direkter Verbindung mit dem höheren Feuer — ohne Umwege. Befreit von all den erstickenden Schichten, badete seine Körpersubstanz direkt in der Bewußtseins-Energie, die das Universum bewegt — das ist ein wenig als wäre ein Astronaut ohne Weltraumanzug! Was würde geschehen?

Juni 1983

Ich empfinde ein wenig das Bedürfnis, die Bilanz der Lage zu ziehen — auch wenn es eine Bilanz aus lauter Auslassungspunkten ist. Die Dinge zu mentalisieren, bedeutet im Schlamm einzusinken, es ist als legte man einen Deckel zwischen sich und "die Sache".

Im Grunde könnte ich die Beschreibung auf eine kleine unerwartete Erfahrung beschränken, die nach nichts aussieht und die sich kürzlich zugetragen hat. Ich traf X und fragte ihn etwas mechanisch: "Was gibt's Neues?" Und im selben Augenblick hielt etwas in mir inne, schaute, lächelte und sagte (aber es war nicht ich, der sprach): "DAS Neue ist hier."

Das ist eine Tatsache.

Ich habe also ein Jahr in Konzentration verbracht. Es war am 14. Mai '82, daß ich mich eines Tages hinsetzte und sagte: "Wir werden es versuchen!" Und am 13. Mai '83 wurde ich dieser Konzentration brutal entrissen, um nach R. zu reisen. Das war eine Gymnastikübung und eine "Probe".

... Aber die Tatsache, die zweite Tatsache, ist, daß im selben Augenblick, in dem das Flugzeug nach R. abhob, eine ungeheure Macht mich ergriff — jene, die ich in meinen Konzentrationen in der Einsamkeit kannte — und mich buchstäblich umwarf, und das hat mich nicht mehr verlassen: im Zug, auf der Straße, im Auto und überall. Es war von so ungeheuer konzentrierter Dichte, daß ich zu Sujata neben mir im Flugzeug sagte: "Aber fühlst du es nicht?" (Es machte den Eindruck, als hätte es das Flugzeug sprengen und alles niederwalzen können). Und seltsamerweise antwortete Sujata: "Doch: ich fühle eine Entspannung im ganzen Körper." Ich war wie ein Hochspannungsmast, und sie entspannte sich! (jetzt verstehe ich das auch). Das ist so außerordentlich, daß niemand es zu fühlen scheint: es ist eine ganz und gar ungeheuerliche Macht, unerträglich für die menschliche Norm, und man meint, es ist transparent wie die Luft. Ich weiß nicht, aber würde man diese Macht auf die vitale Ebene übertragen, würde sie alles sprengen, was ihr über den Weg läuft (und auf der mentalen Ebene würde sie das Hirn bersten lassen). Und es ist wie Luft! Und das äußerst Interessante ist, daß diese Macht nur auf der Ebene der MATERIE erträglich ist (menschlich erträglich) — aber nur für eine geklärte Materie, sonst birst sie auch (das heißt, alles, was hindert und verdeckt, explodiert — es gilt eine ganze "Anpassung" und Klärung zu verrichten; darin bestand die Arbeit seit einem Jahr). Die höchsten Intensitäten des Geistes sind nur auf der Ebene der Materie erträglich ... als sei es das gleiche. Alles, was dazwischen liegt, ist Die Lüge.

Das eröffnet ganze Horizonte.

Die Tatsache ist also, daß diese Macht BEGRÜNDET ist. Das war die Gymnastik.

Auf zwei Seiten kann ich nicht alles mitteilen, was sich seit einem Jahr ereignet hat. Aber ich war mutig genug, ein Tagebuch zu führen, in dem die täglichen Etappen objektiv festgehalten sind — eines Tages mag es nützlich sein, außer die Erfahrung ist bereits "in vivo" und physisch vollendet, dann wird es sichtbar sein, wie Mutter sagte, und wir brauchen kein "Tagebuch" mehr! Aber es ist in vollem Gange. Wie weit wird es gehen? — Ich weiß es nicht, aber wir sind auf dem Weg.

Eine letzte Tatsache, die ich dir noch beschreiben möchte, ist etwas sehr Überraschendes, das sich Hunderte Male wiederholt hat, und das eine wahre Entdeckung bedeutet. Dies ist wirklich "meine" Entdeckung. Ich weiß nicht, wie es in einfachen Begriffen erklärt werden kann, weil es neu ist (außer Sri Aurobindo und Mutter und vielleicht den vedischen Rishis hat das noch niemand gesehen, und auch Mutter und Sri Aurobindo haben nie ausdrücklich davon gesprochen — oder zumindest nicht, daß ich davon wüßte). Um dir die "Tatsache" verständlich zu machen, greife ich etwas weiter zurück:

Der erste Schritt des supramentalen Yogas ist das Erwecken der Aspiration im materiellen körperlichen Bewußtsein. Das brauche ich dir nicht mehr beschreiben. Unter der Einwirkung dieser Aspiration steigt "Das" herab, das Supramental kommt herab — da ist es ein Wunder, ein wenig erschreckend zu Beginn, aber ein noch nie gesehenes Wunder! Es braucht Monate, um den Körper langsam daran zu gewöhnen, diese Sturzflut auszuhalten (es ist eher wie geschmolzenes Gestein). Das heißt, man muß die Zwischenschichten klären: alles, was den Weg versperrt, explodiert oder droht alles zu sprengen; das kleinste Staubkorn hat "zerschmetternde" Auswirkungen. Es ist langwierig und schwer zu ertragen und ganz und gar wunderbar. "Das" kommt also herab und zermalmt (ufff!) und bearbeitet und reinigt das ganze Magma der Zwischenschichten. Das ist der erste "Faden", der sich zwischen dem materiellen menschlichen Bewußtsein und dem supramentalen Bewußtsein herstellt. Dann, irgendwann, erreicht man die zweite Phase (eigentlich die dritte) und dort liegt meine Entdeckung:

Unter dem Einfluß dieser wiederholten "Herabkünfte" beginnt eines Tages plötzlich das ganze MATERIELLE, KÖRPERLICHE Bewußtsein aufzusteigen! Das hat es noch nie gegeben! — Man hat vom Aufstieg der "Kundalini" gehört (oder es erlebt); diese Erfahrung hab ich seit zig Jahren Tausende Male gemacht: die Kundalini steigt auf und entfaltet sich da oben in einer großen, sehr angenehmen und leuchtenden Weite — und so weiter und so fort. Aber jetzt war es eines Tages plötzlich, als ob sich der Körper unter einem ungeheuren Magneten befand (nicht "als ob"), und das ganze Bewußtsein des KÖRPERS begann aufzusteigen — man fühlt Millionen winziger TEILCHEN, die in die Anziehungskraft des "Magneten" geraten, von überall gleichzeitig aufsteigen. Das erste Mal glaubt man wirklich, man muß sterben — es ist wie der "Ausgang" wenn man stirbt. Und lange Zeit und jeden Tag fühlt der Körper, daß er sterben wird. Es ist schwer, das zu überwinden, schwer, nicht "loszulassen". Aber dann, je höher das steigt (wirklich wie eine Vielzahl von Nadelstichen, einer nach dem anderen), um so mehr hat man das Gefühl, nicht verdünnte Luft zu durchqueren, sondern immer dichtere Schichten, fast unerträglich dichte Schichten — es wird fast blendend, als dränge dieses materielle Bewußtsein "da oben" in eine geschmolzene Atmosphäre ein. Und nach Tagen und Wochen von "Anpassungserfahrungen" geschah dort etwas sehr Unerwartetes: unter dem Einfluß dieses Magneten war man höher und höher gestiegen, es wurde dichter und dichter, und dann, ganz plötzlich, man wußte nicht wie, war es DA. Man stieg weder auf noch ab; es war DA. Es war im Körper, auf der materiellen Ebene, ohne Oben oder Unten; diese gleiche Dichte der Atmosphäre oder der Macht war direkt und sofort DA. Wie eine plötzliche Wende: man war am Ziel. Als hätte man Tage und Tage damit verbracht, zum Himmel aufzusteigen, und dann war dieser hohe Himmel plötzlich vor deiner Nase, in deinem Zimmer und in deinem alltäglichen Körper! Man kommt sich etwas dumm vor. Man reißt die Augen auf, aber es ist eine Tatsache.

Im nachhinein kann ich versuchen, Erklärungen abzugeben, aber die wirklich interessante Tatsache (das was ich "meine" Entdeckung nenne) bleibt, daß das MATERIELLE, KÖRPERLICHE Bewußtsein aufsteigt und die Verbindung zum Supramental herstellt. Ich hatte mich immer gewundert, daß man dieses supramentale Bewußtsein "da oben" suchen mußte, daß diese supramentale Ebene "da oben" lag, und ich hatte Mutter oft gefragt: "Aber warum da oben, und wie, da oben? Müßte das nicht eher unten liegen, indem man hinabsteigt anstatt hinauf?" Und ich konnte mir wirklich nicht vorstellen, wie die Kundalini oder das mentale oder vitale oder "spirituelle" Bewußtsein — eben alles, was wir an Bewußtsein kennen — den Kontakt zum Supramental herstellen konnte. Es schien mir unlogisch, daß das Mental, selbst seine höchsten Stufen, die Brücke zum Supramental herstellen sollte — das wäre als erwartete man von einem alten Fisch, daß er die Brücke zur Eidechse herstellt, ohne sein höheres spirituelles Fisch-Bewußtsein zu verlassen! Und Mutter hatte meine Frage nie eindeutig beantwortet; sie sagte mir immer (wie Sri Aurobindo), daß man ERST das Supramental OBEN erreichen mußte — was sie mir nicht gesagt hatte, war, daß man es da oben mit dem MATERIELLEN, KÖRPERLICHEN Bewußtsein erreichen muß! Hat man das Körperbewußtsein je aufsteigen gesehen!... Nun, es ist eine Tatsache: es steigt auf. Dabei hat man sogar den Eindruck, man muß sterben. Mutter hatte richtig gesagt: "Der Körper bildet die Brücke", aber hat man je gesehen, daß ein Körper aufsteigt, um das Supramental zu suchen?... Nun, jetzt ist der Widerspruch gelöst (für mich).

Meine nachträgliche Erklärung mag unbeholfen sein, aber ich werde es versuchen. Da ist diese plötzliche Wende: auf einmal ist es DA; das was man eigentlich ganz oben suchte, dieser endlose Aufstieg durch immer dichtere Schichten, mündete plötzlich auf ein rätselhaftes, unerklärliches Fenster. Es ist DA, man ist am Ziel, als wäre man nie irgendwohin aufgestiegen! Stunden- und tagelang klettert man in den Himmel, nur um plötzlich den Himmel auf der Erde zu finden (und auf zwei Beinen!). Was bedeutet das? (Ich riß wirklich die Augen auf, das heißt ich öffnete sie mitten in der Erfahrung, um meinen Körper zu berühren und festzustellen, daß ich nicht träumte oder "spiritualisierte".) Schließlich kam ich zu folgender Erklärung: man "steigt auf", das heißt das Körperbewußtsein steigt auf, um das GOLDFISCHGLAS, in dem wir leben, zu durchdringen; es durchdringt all die Schichten, die die Materie umgeben, und es wird um so dichter, je mehr man sich den äußersten Schalen oder der äußersten Kruste nähert, und dann FINDET ES PLÖTZLICH ZU SICH SELBST ZURÜCK, es findet im Supramental zu sich selbst zurück, als hätte es das nie verlassen! Der Himmel liegt in der Materie, in der Tiefe der Materie: all die Zwischenschichten (mental, vital usw.) bilden einen Überzug oder Kokon von Lüge, der sehr schwer zu durchdringen ist. Doch ist er einmal durchdrungen, dann ist die Materie SICH SELBST, das heißt, sie ist göttlich! Sie ist vollkommen göttlich, ohne Hohes und Tiefes, sie hat nie aufgehört, göttlich zu sein; nur der "Pfropfen" aus mentalem und vitalem Schmutz hindert die Gesamtheit des Stromes daran, vollkommen und göttlich sich selbst zu sein. Das Körperbewußtsein "steigt auf" durch die Schichten und findet plötzlich zu sich selbst!

Dann ist alles erlaubt, und alles ist möglich, das versteht sich.

Das ist genau meine Vision der "doppelten Vertäuung": man verläßt die irdische, materielle Vertäuung nicht, um am supramentalen Kai festzumachen. Es ist eine doppelte Vertäuung. Die "Reise" ist das Durchdringen der Schichten. Hat man sie durchquert, gibt es nur noch einen Kai und eine Erde — aber eine wahre Erde!

Das "Neue" ist DA!

Bleibt noch die langwierige und langsame (?) Säuberung in allen Einzelheiten der Zellen und Atome — damit "DAS" ohne Hindernisse fließt. Dann wird ALLES MÖGLICH SEIN.

Aber der Durchgang ist geschaffen. Er ist offen. Und er ist für alle offen. Das "Geflecht", von dem Mutter sprach, ist eine absolute Wirklichkeit: wenn sich ein Punkt öffnet, dann öffnet sich alles und für alle. Sie haben ein Loch im Netz gemacht. Ich kann es bezeugen. Wer will durchschlüpfen?

Ich verstehe auch, warum Sujata eine "Entspannung" verspürte, während ich mich wie ein Atomreaktor fühlte! Sie fand zu sich selbst zurück! (Brief von Satprem an Luc)

Satprem hatte den Ort der Arbeit erreicht. Auf dieser grundlegenden Ebene gab es keine Entfernung mehr, keine Zeit, keine Trennung zwischen den Körpern: alles war EINS. Er war im Herz der Welt, an dem prekären Ort, der die Geburt der Dinge sieht. Und gleichzeitig befand er sich in einer ungeheuren Macht, die ein wenig erschreckend ist für einen kleinen menschlichen Körper: die Macht der Schöpfung selbst. Das kann man sich nicht vorstellen. Aber hier träumte man wenigstens nicht mehr, man spiritualisierte nicht mehr freundlich vor sich hin: man stand vor DER Sache, und es gab keine Geschichten mehr.

Das Fabelhafte, das erstaunliche Wunder ist, daß all dies in der menschlichen Dimension möglich ist, die sich aus unserer Sicht immer so gebrechlich und machtlos ausnimmt. Aber das liegt nur an all den schlammigen Schichten, die das Nähmädchen spielen und uns in eine Zwangsjacke aus Unmöglichkeiten und Schwächen einwickeln! Die Materie selbst ist ALLMÄCHTIG, *sie ist vollkommen göttlich und getreues Abbild jener Macht, die das Universum schuf. Einzig eine Art klebrige Illusion hindert uns daran, das zu erkennen — diese Illusion müssen wir aus unserem Leben und aus unserem Körper wegfegen, dann stehen wir vor Der Tatsache.*

Aber was TUT *man eigentlich auf dieser Ebene absoluter*

Macht? Worin besteht die Arbeit des Pioniers gegenüber diesem "Ur-Ei"?

Seit Satprem sich von der Welt zurückgezogen hatte, um besser in der Welt sein zu können, waren zwei Jahre vergangen. Es war Frühling 1984. Eine Zusammenkunft wurde vereinbart, ohne die geringste Gewißheit, daß es ihm möglich sein würde, über seine Arbeit zu sprechen: man "spricht" nicht über diese Dinge. Durch alle Zeiten haben jene, die wirklich etwas für die Erde TATEN, nie darüber gesprochen; es sind Taten, die für sich sprechen, in ihrer eigenen Sprache des Lebens. Hier nun liegt der Unterschied darin, daß es um eine WELTWEITE Evolution geht, eine neue Möglichkeit, die prinzipiell JEDEM offen steht. Und Satprem hat sich immer bemüht, seine Erfahrungen zu teilen, in der Hoffnung, daß ein Wort hier oder dort dem einen oder anderen helfen könnte, die Wahrheit seines Wesens zu erhaschen und Die Wirklichkeit, die hinter dem Schein der äußeren Persönlichkeit versteckt liegt, zu SEHEN.

(Sri Aurobindo:) Niemand ist ein Gott, aber jedem Menschen ist ein Gott inne, und Ihn zu verwirklichen ist das Ziel des göttlichen Lebens. Das können wir alle tun. Ich akzeptiere, daß es große und kleine *adharas* [Behälter] geben mag... Aber wie auch immer die Beschaffenheit des Behälters aussehen mag, sobald Gottes Berührung auf ihm ruht, sobald der Geist erwacht ist, macht es wenig aus, ob er groß oder klein ist und all das. Es mag mehr Hindernisse geben, es mag länger dauern, es mag Unterschiede in der Verwirklichung geben, aber selbst das ist nicht sicher. Der innere Gott berücksichtigt diese Hindernisse und Fehler nicht. Er bahnt sich einen Weg hindurch. Waren meine Fehler weniger? Gab es weniger Hindernisse in meinem Verstand, in meinem Herzen und Leben und Körper? Hat es nicht auch Zeit gebraucht? Hat Gott mich weniger gehäm-

mert? Tag für Tag, Minute um Minute wurde ich geschmiedet, ich weiß nicht ob zu einem Gott oder was. Aber etwas wurde oder wird aus mir. Das genügt, denn es ist das, was Gott erbauen wollte. Für alle anderen ist es genauso.

(Brief von Sri Aurobindo an seinen jüngeren Bruder Barin — 7.4.1920)

Den Tod entwurzeln

Satprem hatte sich sehr verändert, seit ich ihn das letzte Mal gesehen hatte. Etwas Unbestimmbares in seinem Aussehen verriet die neue Intensität, mit der er Tag für Tag lebte. Er war vollkommen "präsent", sogar mit einem Funken Schalkhaftigkeit in den Augen, und gleichzeitig Lichtjahre entfernt, als bildete sein Körper die Verbindung zwischen jener Unendlichkeit, in der die Welten entstehen, und dem gegenwärtigen Raum, hier, vor uns. Etwas Unbeschreibliches um ihn, wie große Schwingen der Sanftmut, erinnerte an Mutter — man war wortlos darin zugegen, es war konkret vor einem gegenwärtig. Und betrachtete man es zu genau oder versuchte zu verstehen — zu wissen —, verlosch alles. Es genügte, selber sanft zu sein, sich von den großen Schwingen tragen zu lassen, ohne Bemühungen zu verstehen. Dann, nach einer Weile, "verstand" man, aber auf eine andere Weise: das Verständnis entsprang dem Innern, aus einer leichten Wärme, und man wußte: "Ja, es ist Das."

Einige Tage vergingen so. Abends nahm mich Satprem manchmal mit auf seine Wanderungen in die umliegende Landschaft. Wir setzten uns schweigend unter den Bäumen nieder und alles hielt inne, außer diesem Leben des Lebens, das nun im Wesen erwachte und alles mit seinen Strahlen aus Wissen und Freude erhellte. Die Welt um uns verlief göttlich. Eines Tages brach er dennoch das Schweigen: "In dieser Angelegenheit verbringt man seine Zeit damit, zu sterben ohne zu sterben!" Das war ihm entschlüpft, vielleicht weil er meine stummen Fragen fühlte. Aber mehr konnte oder wollte er nicht sagen. Dieser kurze Satz enthielt so vieles, eine ganze fremde und gefährliche Welt, daß ich davor schwieg.

Einige Tage später, nachdem er mich eingeladen hatte, ihn zu begleiten, fügte Satprem plötzlich hinzu: "Und nimm dein Tonbandgerät mit, man kann nie wissen!" Einige Zeit gingen wir schweigend, wir setzten uns an ein grünes Feld. Ich schaltete den Apparat ein:

(Satprem:) Eigentlich besteht die ganze Arbeit darin ... zu versuchen, die Grundlage dieses Übergangswesens herzustellen, herauszubilden. Dieses Wesen, das noch menschlich ist und das ... ich weiß nicht, aber das den Übergang zum supramentalen Menschen bildet, zum Menschen, der nicht mehr animalisch ist, der nicht mehr tierisch belebt ist.

Das war Mutters Arbeit.

Ich weiß nicht, wie es sein wird, aber ich begreife — ich kann nur sagen, was ich bereits in der Erfahrung begreife —, daß die ganze Arbeit darin besteht ... den Tod zu ENTWURZELN. Man könnte sagen, diese HOCHSTAPELEI, den Schwindel des Todes. Aber das ist kein mentaler Schwindel: er geht bis an die Wurzeln des Lebens — man könnte sagen, bis an die ersten KRALLEN des Lebens in der Materie, verstehst du, an die WURZEL, das was man die Wurzel des Lebens nennt. Nun, man gelangt zur Erkenntnis, daß die Wurzel des Lebens auch die Wurzel des Todes ist — es ist ein und dasselbe.

(Schweigen)

Es ist eine lange Arbeit, dahin zu gelangen ... und zu erkennen ... (das, was man mit "Tod" bezeichnet, ist nichts, verstehst du, das ist nur das Endergebnis), aber man erkennt die GRAUSAME Unterjochung, die das GANZE Leben ergriffen hat — das menschliche Leben, jedenfalls. Das ist eine GRAUSAME, erschreckende, fürchterliche Unterjochung — es ist ... abscheulich. Die GRAUSAME UNTERJOCHUNG des Lebens in der Materie.

Und so besteht die Arbeit gewissermaßen darin, das zu ENTLARVEN.

Aber gewiß, das geschieht nicht in deinem Kopf: du entlarvst es, wenn du erkennst, daß du nicht daran gestorben bist! Und dann entdeckst du es tausend-, zehntausend-, hunderttausendmal, in jeder Sekunde, stundenlang und jeden Tag.

Das ist die Arbeit, verstehst du; irgendwie ... DIESEN SCHWINDEL ZU ENTLARVEN, diese LÜGE, die uns vormachen will, daß sie herrscht, daß sie Das Leben ist. Der Tod will uns vormachen, daß ER Das Leben ist.

Und wenn man dann anfängt, den Schwindel AUSZUREISSEN (das geschieht im Körper, nicht wahr), nun, man reißt ihn aus — er will dir weismachen: "Ah, du bist dabei zu krepieren! Du stirbst, siehst du, dein Herz wird stehenbleiben, dein Hirn wird durchdrehen, du bist dabei zu ..." So geht das vor sich. Man zeigt es dir, man läßt es dich auf TAUSEND Arten fühlen.

Und die ganze Arbeit ist nun ... (Offensichtlich ist diese Arbeit unmöglich, solange die andere ... die Andere Kraft nicht gegenwärtig ist. Wie willst du das mit deinen alleinigen Kräften bewerkstelligen? Wie willst du überhaupt da hinabsteigen, ohne die Andere Kraft, nicht wahr?) Nun, es ist wie ein ... Kampf, ich weiß nicht, ein Kampf gegen diese grausame Unterjochung, die einem weismachen will — und die über sehr mächtige Mittel verfügt, um es einem weiszumachen, nicht wahr! —, daß sie gar nicht illusorisch ist, daß sie herrscht, und daß ... nun, daß SIE das Leben ist! Und wenn du anfängst, daran herumzuwerken, wirst du krepieren. Wenn sie will, kann sie sehr überzeugend sein.

Nun, das ist alles Hochstapelei!

Es ist eine Lüge.

Und das, was wir "das Leben" nennen, ist DER TOD!

Und so ist es, als hätte der Körper Millionen von Fasern, die im alten evolutionären Boden verwurzelt sind, in dem alten Boden, der menschlich ist, der ... — ja, der "das Leben" ist, kurz! Entfernst du seine Wurzeln, krepiert es!

Deshalb muß man diese Wurzeln entfernen und sie dann WENDEN, zum ... zum Wahren Leben — zum Wahren Leben, das OHNE Tod ist : das REINE Leben.
Das ist es.

(Schweigen)

Und jedesmal, wenn diese Macht des neuen Lebens kommt, ja das gibt eine Panik im ganzen Körper! Nun, meine UN-GE-HEU-RE Entdeckung, hörst du *(Satprem schlägt mit der Faust auf den Boden)*, meine ungeheure Entdeckung ist: DAS WAS ANGST HAT — DAS IST DER TOD, DER ANGST HAT!!
Es ist der Tod im Körper, der Angst hat.
Und er will euch eine TODESANGST einjagen und euch überzeugen: "Du-stirbst-du-stirbst-du-stirbst..."
Den Tod entwurzelt man — nicht das Leben. Im Gegenteil, man versucht, etwas wahres Leben dort hineinzubringen.
Das ist es — das ist es.

(Schweigen)

Wenn diese Macht herabkommt ... ist das ein schreckliches — ein tödliches — Gewimmel.
Und am Tag, als ich zu entdecken begann, daß es der TOD ist, der Angst hat zu sterben, war das eine Offenbarung für mich und eine ungeheure Hilfe. Aber das muß sich im Körper vollziehen, verstehst du. Wenn dein Herz anfängt, so zu gehen: bum-bum, und dann steckenbleibt und ... Wenn es dann später erkennt — wenn es durchhält und merkt, daß es nicht daran gestorben ist ... oder wenn der Kopf kurz davor steht zu bersten ... und dann merkt er, daß er nicht birst ... Aber es bedarf sehr vieler solcher Eingriffe, um diese Lüge zu entwurzeln, diese HOCHSTAPELEI, diese GRAUSAME UNTERJOCHUNG. Denn der Tod ist nur die Enderscheinung. Um zu diesem Ende zu gelangen, siehst du erst all die Schrecken, all die Abscheulichkeiten, all die Suggestionen: all das, was UNTERDRÜCKT — dieses GRAUSAME Gewimmel, das das Leben und die Menschen und ihr Bewußtsein UNTERDRÜCKT

(Satprem hämmert mit der Faust auf den Boden) — all das.

Es ist eine GRAUSAME Unterjochung.

Also muß der Körper verstehen lernen, daß Der Herr herrscht; daß Das Leben herrscht — nicht der Tod —, daß es nur seine alte, tödliche VERDORBENHEIT ist, die man ihm entreißt. Es ist sein altes Unheil, das man ihm entreißt.

Ich kann dir versichern, daß dieser ... "idiotische Tod", wie Mutter sagte — nun, er ist nicht idiotisch, er ist boshaft — dieser boshafte Tod will euch einreden: "Aha, du glaubst ich bin ein Idiot!..."

Er ist sehr gewieft, weißt du, sehr gewieft und das kommt Tag und Nacht.

Und es ist sehr grausam ...

Eine HOCHSTAPELEI.

*

(Sri Aurobindo:) **Leben und Tod sind in der Tat ein und dasselbe, und von unterschiedlichen Gesichtspunkten aus betrachtet, kann man entweder sagen, daß jeder Tod nur ein Vorgang und eine Änderung im Leben ist, oder daß alles Leben nur eine Tätigkeit im Tod ist. Die beiden sind wirklich ein und dieselbe Energie, deren Tätigkeit uns zwei komplementäre Aspekte darbietet.** (16.359)

Die Upanishaden erfaßten die gleiche Wahrheit, als sie erklärten, das Leben sei Herrschaftsgebiet des Todes und es als das Gegenteil der Unsterblichkeit beschrieben; sie erzählten sogar, daß das Leben und jegliches Dasein ursprünglich vom Tod geschaffen wurden, ihm zur Nahrung. (16.338)

(Mutter:) **Solange der Tod nicht bezwungen wird, ist der Sieg nicht errungen. Der Tod muß überwunden werden, es darf den Tod nicht mehr geben. Das ist sehr offensichtlich.** (8.9.65)

Das Leben ohne Tod

Dieses Übergangswesen ist jenes ohne Tod — das bedeutet nicht "unsterblich" im Sinne, in dem die Leute es vereinfacht glauben: man wird "verjüngt" und solche Dummheiten (im übrigen weiß ich auch nicht, wie es sein wird — ich theoretisiere nicht) —, aber es wird das REINE Leben sein. Das heißt, in Dem Leben ist kein Tod, wie eine Schlange ins Leben geflochten.

Es wird das REINE Leben sein: ein todloses Leben.

Das bedeutet nicht "unsterblich" — es ist todlos: darin gibt es den Tod nicht, den Tod mit ALL seinen Tricks. Denn der Tod ist das Endergebnis, das Resultat der BOSHEIT, der BETRÜGEREI, der GRAUSAMKEIT, der LÜGE, der VERDORBENHEIT— all das, was sich überall vor uns breitmacht.

Und, verstehst du, man sieht es sich "außen" verbreiten, aber wenn du dann nach innen gehst und dort die BETRÜGEREI, die BOSHEIT, die GRAUSAMKEIT siehst, und wie tief das verwurzelt ist, dieser Dreck!

Der Tod ist das Endergebnis, nicht mehr als das.

Nun, das nannte Sri Aurobindo: *"A SPELL"* [einen Bann].*
Dieser "Bann" muß gebrochen werden, der Körper muß diesen Bann durchdringen. Das einzige, was ihn durchdringen kann, ist REINSTE REINHEIT.

Folglich glaube ich, daß das Übergangswesen darin besteht: zu erreichen, diesen Dreck irgendwie zu entwurzeln, wenn das möglich ist ...

*

(*Mutter:*) Es besteht ein Unterschied zwischen Unsterblichkeit und dem Zustand ohne Tod. Sri Aurobindo hat das in *Savitri* sehr gut beschrieben. Den Zustand ohne Tod kann man in der Zukunft für

---

* *A spell is laid upon [our] glorious strengths* (29.371)
Ein Bann lastet auf [unseren] strahlenden Kräften

den physischen menschlichen Körper in Betracht ziehen: es ist eine immerwährende Wiedergeburt. Anstatt zurückzufallen und zu zerfallen, weil man ungenügend plastisch ist und unfähig ist, sich der universellen Bewegung anzupassen, löst sich der Körper sozusagen vorwärts auf.
Ein Element bleibt immer konstant: in jeder Art von Atomen ist die innere Anordnung der Partikel verschieden, und das bewirkt die Unterschiede der Substanzen; desgleichen hat vielleicht jedes Individuum eine verschiedene, ihm eigene Art, die Zellen seines Körpers anzuordnen, und diese ihm eigene Art bleibt durch alle äußeren Änderungen hinweg bestehen — alles andere löst sich auf und formt sich von neuem; aber es löst sich in einer Vorwärtsbewegung auf, anstatt sich vom Tod zurückwerfen zu lassen, und es formt sich von neuem in einer beständigen Aspiration, der fortschreitenden Bewegung der göttlichen Weisheit zu folgen. (25.11.59)

*

Das Lebende, das Regierende, das Herrschende, das was wahr ist, das EINZIGE, ist ... das Göttliche, ist Mutter — DAS existiert, verstehst du. Und alles andere will uns weismachen, daß seine Lüge existiert.

Wir sind VOLLGESTOPFT mit diesem tödlichen Gewimmel, überall — wie Krallen und Schlangen, Gift, Suggestionen — oh! Das ist ein ... ich weiß nicht, wir sind vollgestopft damit.

(Schweigen)

Das ist die GRUNDLAGE: dieses Leben ohne Tod, dieses REINE Leben, jenes Leben, welches ... von dieser Hochstapelei, von dieser Illusion, von dem ZAUBER des Todes befreit ist. Das ist die GRUNDLAGE. Diese Grundlage muß verwirklicht werden ... Mutter, Sri Aurobindo haben sie VERWIRKLICHT, aber es ist dennoch nötig, daß einige Körper ... nachfolgen wollen! Was dann, ausgehend von dieser Grundlage, geschehen wird, darüber mache ich mir keine Gedanken, muß ich sagen. Aber man gelangt zur Erkenntnis, ist das erst getan *(Satprem schlägt mehrmals mit der flachen Hand auf den Boden)* — so ist alles andere ein göttliches Spiel.

Und so verbringt man seine Zeit damit, zu sterben ohne daran zu sterben.

*

***(Mutter:)* Es ist als zeigte man mir konkret, in jeder Minute, die Gegenwart des Todes und die Gegenwart der Unsterblichkeit, so** *(Mutter neigt ihre Hand geringfügig nach rechts oder nach links)*, **in den KLEINSTEN Dingen — in allem, groß und klein, die ganze Zeit. Und ständig sieht man ... ob man hier steht oder dort** *(gleiche Geste der Neigung zur einen oder zur anderen Seite)*. **Als würde man in jeder Sekunde vor die Wahl zwischen Tod und Unsterblichkeit gestellt.** (27.12.69)

Man könnte sagen, in jeder Sekunde hat man den Eindruck, man kann entweder ewig leben oder man kann sterben *(Geste der geringen Neigung zur einen Seite oder zur anderen)*. **Das ist in jeder Minute so.**
(18.12.71)

*

Die neue Macht

Der Körper bedarf einer ziemlichen Dosis, damit er anfängt ... anders zu fühlen.

Siehst du, zum Beispiel neulich glaubte ich wirklich, ich würde sterben. Mein Herz war wirklich stark angegriffen. Und ich hatte Schmerzen ... Nun, der Körper war ÜBERHAUPT NICHT besorgt (ich blieb trotzdem den ganzen Tag liegen), aber der Körper war nicht beunruhigt — er hatte Schmerzen, das war alles. Am nächsten Tag war es in keiner Weise vorbei; ich setzte mich ... und dann kam diese ungeheure Macht und das Herz fing an, weißt du ... so unregelmäßig zu schlagen, was für den Körper höchst beunruhigend ist (!). Und wenn diese Macht kommt, hat man den Eindruck, sie wird alles erdrücken — und, insbesondere, das arme menschliche Herz, was ist das schon!... Nun, es war eine Entdeckung: er [der Körper] war ENTSCHLOSSEN, sich zu sagen: "Nach alledem, Donnerwetter nochmal, was soll's! Ist das jetzt die göttliche Macht oder nicht! Will die göttliche Macht mich umbringen? Gut, wenn sie mich umbringen will, soll sie!"

So war es im Körper.

Ich blieb eineinhalb oder zwei Stunden in dieser ... Flut (ich weiß nicht, wie ich das nennen soll ... es ist eine Sturzflut von Macht, phantastisch). Und der Körper: er sorgte sich nicht um diese ... Schläge. Und das ging VOLLKOMMEN gut, während ... (nach eineinhalb Stunden war ich etwas erschöpft, deshalb legte ich mich hin). Aber das verlief sehr gut. Mir fehlte überhaupt nichts, im Gegenteil! Das war wie Luft, Luft, Luft — und es ist wie Luft! Verstehst du, das was die Ausbrüche verursacht, das sind der ganze Tod und die Lüge, die sich blähen, blähen und sagen: nein-nein-nein-nein-nein ...

*

(Mutter:) **Mir ist aufgefallen, wenn ich mich widersetze, dann geht es schlecht. Aber wenn ich den Eindruck habe, es fließt, dann gibt es keine Stöße mehr ... Nicht wahr, wenn man erstarrt und die Dinge sich widersetzen, dann stößt man an. Das ist wie bei Leuten, die richtig fallen können: wenn sie fallen, brechen sie sich nichts. Bei Leuten, die nicht fallen können, genügt der kleinste Sturz, um sich**

etwas zu brechen. Es ist das gleiche. Man muß lernen ... die vollkommene Einheit zu sein. Sich berichtigen, sich wieder richten, bedeutet noch einen Widerstand haben. (11.1.67)

Das was nicht empfänglich ist, fühlt sich erdrückt, aber alles, was empfänglich ist, verspürt im Gegenteil etwas wie... eine mächtige Ausweitung. (6.5.72)

*

Nun, dieselbe Erfahrung: neulich hatte ich zermürbende Kopfschmerzen, nicht wahr, eine wirkliche Qual im Kopf (du weißt, wie das ist, hm?). Und dann kam diese gleiche Macht herab. Ich sagte mir: "Sie wird alles kaputt machen, sie wird alles zum Platzen bringen, das ist doch nicht möglich..." Aber ich blieb sehr still. Und diese gleiche UNGEHEURE Macht ... wie Luft, wie Luft, wie die reine Luft...

(Schweigen)

Der gesamte Tod bläht sich, erstarrt, beginnt zu ... zu schaudern — will dir weismachen, daß du bersten wirst, daß alles bersten wird.

Aber, verstehst du, diese Art "Eingriffe" geschehen über Monate hinweg.

(Luc:) Aber diese Macht, was BEWIRKT sie genau? Was ist ihre ... ihre Aufgabe?

Aber ... wie willst du es anstellen, in den Körper zu dringen! Wenn du ein Loch bohren willst, mit welcher Kraft willst du dein Loch bohren? Wie willst du ohne Diese Macht ein Loch dahinein bohren?

Mit deinem Verstand kannst du das wie mit einer kleinen Taschenlampe betrachten ... die sich auf der Oberfläche widerspiegelt. Aber um einzudringen, muß man LÖCHER in diese Schichten graben. Die Rishis sagten es: sie sprachen vom *digging* [graben]. Womit willst du graben? Mit welcher Kraft? Mit deiner intellektuellen Kraft? Mit der Kraft deiner Seele? Oder mit deiner vitalen Kraft? Was kann dort EINDRINGEN? — Nur diese Andere Macht hat die KRAFT einzudringen. Aber wenn sie eindringt, dann zappelt der ganze Tod, der darin steckt!

Verstehst du?

Der erste Schritt ist natürlich, die Verbindung zu dieser Macht herzustellen. Danach, nun, sie tut ihre Arbeit — eine ganz schöne Arbeit ... Du allein kannst diese Arbeit nicht tun! Du mußt es nur zustandebringen, nicht Komplize dieses ganzen ... tödlichen Gewimmels zu sein. Man darf nicht Komplize sein — das ist das Schwierige.

Man darf nicht Komplize sein.

Und es schnappt dich an allen möglichen Ecken — mit allen möglichen Mitteln. Das brauche ich dir nicht beschreiben ...

Na, weißt du, das ist ein ganz schönes "digging".

*

(*Mutter:*) Diese Intensität der Aspiration [im Körper] bewirkt, daß ich eine vollkommen klare und fast ununterbrochene Einsicht bekomme, in welchem Ausmaß die materielle Substanz aus Lüge und Unwissenheit beschaffen ist — sobald das Bewußtsein klar, ruhig, friedlich und in der leuchtenden Schau ist, werden auf allen Seiten all die Falschheiten erkenntlich. Das ist keine aktive Erkenntnis, insofern als ich mich nicht "bemühe" zu sehen: die Dinge ZEIGEN sich dem Bewußtsein. Und dann wird einem bewußt, welch ungeheure Macht von Wahrheitskraft erforderlich ist, um all das zu klären und zu transformieren!... (26.2.64)

Ein Bann

Oh, der "Vorgang" ist jetzt bekannt — schließlich hörte ich Mutter soviele Jahre zu und "verstand" natürlich mit dem Kopf, was sie sagte, aber jetzt verstehe ich mit dem KÖRPER. Ich versichere dir, es ist etwas ganz anderes, diese Hochstapelei in seinem Körper zu erkennen, als sie im Kopf zu sehen — man versteht die WURZELN dieser Grausamkeit. Oh, es ist ein Greuel!

*

(Mutter:) **Diese Welt der Unaufrichtigkeit, die sich darin verbirgt, ist etwas Erschreckendes — in den Zellen, in diesen ... oh!...** (14.4.71)

(Sri Aurobindo:)
**An der fahlen Grenze,
Wo Leben und Materie sich treffen
... Eine finstere und zwergenhafte Welt
Der Ursprung dieses traurigen Zaubers.** (28.136)

*

Die Menschen sind dessen nicht gewahr.
Im Gegenteil, sie weben und flechten alle möglichen Fäden, um FEST-FEST-FEST mit dem Tod verstrickt zu sein. Sie verstricken sich IMMER: durch ihre Zeitungen, ihr Fernsehen, ihre Wissenschaft, ihre Bücher, ihre Romane, ihre Abenteuer, ihre ... Sie flechten, wirklich sie FLECHTEN mit all ihrem Eifer den Tod um sich — verflechten sich mehr und mehr. Und dann, wenn man das alles wieder loslösen muß ... sagt man sich: "Aber um Gottes Willen, was tun sie bloß! — was tun sie?"
Denn all ihre Mittel SIND TEIL des Todes!! Das sind TRICKS des Todes: ihre Chirurgie, ihre Medizin, ihre Physik, ihre

Wissenschaft — das sind alles Tricks des Todes, ERFINDUNGEN des Todes, Tricks, um euch GRÜNDLICH zu fesseln.

Ihre Heilungen SIND TEIL des Todes!

*

(Sri Aurobindo:)
**Ein feindlicher und entstellender Geist ist am Werk
In jedem versteckten Winkel des bewußten Lebens...**
(28.203)

*

Und dann haben sie die erschreckendsten Gründe: "Siehst du, du wirst sterben." Sie sind voller Gewißheiten, voll unzähliger Beweise — der Tod ist VOLLER Beweise. Und er beherrscht dich; selbst wenn du ein wenig Vertrauen im Herzen und im Kopf hast, wenn der kritische Augenblick kommt, na, du bekommst Angst und hebst den Telefonhörer ab, um den Arzt zu holen. Und versuch doch nur, die Tatsache wahrzuhaben, versuch doch, deinen Körper zu überzeugen: "Aber schau her, es ist nicht so wie du glaubst!"

Ja, die Menschen, sie flechten weiter, so viel sie nur können. Und die Welt steckt in einem ungeheuren, fürchterlichen Spinnennetz — das die Menschen voller Eifer weiterflechten, siehst du, Tag für Tag, mit ALL ihren Mittelchen, ihrem Fernsehen, ihren Zeitungen, Romanen, ihrer ganzen Literatur, Dichtung und Philosophie. Das Ganze ist ein RIESIGES Spinnennetz.

(langes Schweigen)

Das erste Mal, ich weiß nicht genau, vor sechs oder sieben Monaten, als ich plötzlich entdeckte — aber in meinem Körper entdeckte, verstehst du —, daß es der TOD ist, der Angst hat zu sterben, das, das war wirklich...

Der TOD hat Angst zu sterben.

Ja, ich erinnere mich, das war es.

Und, verstehst du, da erkennt man wirklich, wie weit

Mutter und Sri Aurobindo alles gesehen haben, alles gesagt haben, alles getan haben. Aber es mit dem Verstand zu verstehen, genügt nicht. Ich erinnere mich an diesen Satz von Sri Aurobindo, wo er von der "deep falsity of Death" spricht — *Death's deep falsity* [des Todes tiefe Falschheit*]. Aber das geht "deep" [tief] bis in die Fasern des Körpers! — DORT ist es *deep*. Aber es ist eine FALSCHHEIT; es ist eine HOCHSTAPELEI; es ist eine LÜGE — eine Lüge mit Millionen Beweisen.

Es ist eine Lüge.

Die tiefe Falschheit des Todes ...

Siehst du, Sri Aurobindo spricht dauernd (mindestens vier- oder fünfmal in *Savitri*, das ist mir jedesmal aufgefallen) von diesem "magic spell" [Zauberbann], oder von dem "deformation spell" [entstellenden Bann]. "Spell" — das wiederholt er drei- oder viermal in *Savitri*. Nun, das ist es: es ist wirklich ein "spell" — ein Bann.**

*

(Sri Aurobindo:)
Eine versteckte Macht, bewußt ihrer Kraft,
Eine unbestimmte und lauernde Allgegenwart,

---

* *Although God made the world for his delight,*
 An ignorant Power took charge and seemed his Will
 And death's deep falsity has mastered Life. (29.629)

 Obwohl Gott die Welt zu seiner Freude schuf,
 Ergriff eine unwissende Macht die Führung und gab sich den Anschein
 seines Willens
 Und des Todes tiefe Falschheit beherrschte das Leben.

***The body's tissues thrill apotheosised,*
 Its cells sustain bright metamorphosis ...
 As if reversing a deformation's spell (28.171)

 A grand reversal of the Night and Day
 All the world's values changed ... (28.42)

 Des Körpers Gewebe erschauern in der Vergöttlichung,
 Seine Zellen erfahren eine leuchtende Metamorphose ...
 Wie die Umkehrung eines entstellenden Banns

 Eine große Umkehrung von Nacht und Tag
 Alle Werte der Welt wurden verändert ...

Ein entgegengesetztes Verhängnis,
    das die geschaffenen Dinge bedroht,
Ein Tod, der als dunkle Saat des Lebens wirkte,
Schien diese Welt hervorzubringen
    und sie zu vernichten. (28.202)

(Mutter:) Der Tod ist nicht etwas Unvermeidliches, er ist ein Unglück, das sich bis jetzt immer zugetragen hat — das sich bis jetzt jedenfalls immer zugetragen zu haben scheint —, und wir haben es uns in den Kopf gesetzt und unseren Willen darauf gerichtet, dieses Unglück zu bezwingen und zu überwinden. Aber das ist eine schreckliche, ungeheure Schlacht, allen Naturgesetzen, kollektiven Suggestionen und irdischen Gewohnheiten entgegengesetzt, so daß es besser ist, die Schlacht gar nicht erst zu beginnen, wenn man nicht ein erstklassiger Kämpfer ist, den nichts erschreckt. Man muß ein absolut furchtloser Held sein, denn bei jedem Schritt und in jedem Augenblick muß man eine Schlacht gegen alles Bestehende führen. Folglich ist es kein leichtes Unterfangen. Und sogar für jeden Einzelnen ist es eine Schlacht mit sich selbst, denn wollt ihr, daß euer physisches Bewußtsein einen Zustand erreicht, der die physische Unsterblichkeit ermöglicht, so müßt ihr in einem solchen Ausmaß von all dem befreit sein, was das jetzige Bewußtsein ausmacht, daß es in jeder Sekunde eine Schlacht ist. Alle Gefühle, alle Empfindungen, alle Gedanken, alle Reflexe, alle Zuneigungen und Abneigungen, alles Bestehende, das ganze GEFLECHT unseres physischen Lebens muß überwunden und transformiert und von seinen Gewohnheiten befreit werden. Das, das ist eine Schlacht in jeder Sekunde gegen Tausende und Tausende von Gegnern. (14.10.53)

Das heißt, daß das "göttliche Leben" dann beginnt, wenn es gelingt, diese Hochstapelei zu ENTWURZELN und eine Grundlage zu schaffen, die aus REINEM Leben besteht. In dem Punkt, da beginnt das göttliche Leben. Jedenfalls jenes, das ... ich weiß nicht, ich sehe es noch nicht, aber es wird kommen. Doch es ist kein philosophisches göttliches Leben! Es ist ein sehr ... materielles göttliches Leben.

So, jetzt habe ich lange geredet ...

(Satprem steht auf)

Und ihre DNA-Moleküle, die sind auch von innerhalb des Gefängnisses betrachtet.

Das neue Wesen

(Wir hatten unsere Wanderung wieder aufgenommen. Satprems Worte hallten mit großer Kraft in mir wider. In meiner Vorstellung sah ich ihn mit den dunklen und teuflischen Kräften ringen, die er beschrieben hatte. Es schien alles so einfach und offensichtlich: ja, es genügt, den Drachen in unserem eigenen Körper zu erlegen — den Tod mit seinen Samt-Pfoten, der in unsere Körperzellen geflochten ist — und wir sind endlich frei, auf einer wahren, einfachen und glücklichen Erde. Ich ging neben ihm und unsere Schritte fanden ein seltsames Echo auf diesem Feldweg; sie schienen tiefer zu gehen, jenseits der Oberfläche, fast als stützten sie sich auf eine andere Dimension — vielleicht ein wenig auf den Schwanz des Drachen?

Einige Tage zuvor hatte eine gemeinsame Freundin von einem Traum erzählt, in dem sie des längeren ein wunderbares Wesen sah und sogar mit ihm sprach. Es war ein Kind, das anders beschaffen war als irdische Wesen, dessen äußere Form aber dennoch an die menschliche erinnerte. Die Aussagekraft dieses Traumes hatte Satprem sehr beeindruckt.)

(Luc:) Dieses "neue Wesen", das S gesehen hat ...

(Satprem:) Das ist die Zukunft, das supramentale Wesen, das Wesen, das eben nicht mehr aus all diesem Gewebe der tödlichen Lüge geschaffen ist. Das ist ein Wesen, das auf ... göttliche Weise geschaffen ist.

Könnte man sagen, daß die Arbeit, die du tust ...

Weißt du, ich mag nicht gerne sagen, "ich" tue, denn man hat wirklich den Eindruck, daß das "ich" gerade all das ist, was hindert — man bemüht sich eher, nicht damit den Weg zu versperren.

Ja, ich verstehe. Aber könnte es nicht sein, daß deine Bemühung diese Möglichkeit schneller HERBEIGEFÜHRT hat — dieses Kind, das so nah schien, so "konkret", könnte es nicht in gewisser Weise ein wenig daraus geboren sein?...

Es wurde gewiß aus dem inständigen Flehen einer bestimmten Anzahl — und vielleicht sogar vieler — Leute geboren, die ... Einfach aus dem Flehen. Es gibt doch gute Leute auf der Erde, die sich sagen: "Mein Gott, wirklich, das ist nicht möglich!" Nun, es gibt Leute, die leiden, nicht wahr. Folglich gibt es ein unwissendes Flehen, und andere flehen, die weniger unwissend sind. Gewiß haben alle diese Rufe dazu beigetragen. Wenn es auf dieser Seite niemand gäbe, um etwas Wahreres zu rufen, warum in der Welt sollte sich das Göttliche die Mühe machen, etwas zu tun? Man ruft Es, das Göttliche ... Die Bewegung des Rufens ist genau die Bewegung, um anzufangen, sich zu befreien. Dabei gibt es keine "Individuen" — es gibt Rufe. Es gibt REINE Rufe — möglicherweise nicht sehr viele, aber es gibt welche. Es gibt welche. Es gibt Wesen, die leiden.

*

(Sri Aurobindo:) **Wenn die Erde ruft und Das Höchste antwortet, kann die Stunde dieser unermeßlichen und leuchtenden Transformation sogar jetzt sein.** (17.9)

*

Sri Aurobindo und Mutter haben das gesät, aber auf der anderen Seite erforderte es unsere Rufe — man hat sie ins Grab GEDRÄNGT, also mußte es schon einige Wesen geben, die etwas rein sind, die ein wenig wahre Liebe im Herzen haben, um sie zu RUFEN, um sie HERAUSZUZIEHEN! Warum würden sie sonst herauskommen? — Sie würden für immer in ihrem Grab bleiben! Wenn die Menschen sie nicht wollen.

Man muß — man muß Es rufen.

Und Es WIRKLICH rufen, hm?

Nicht in Gedankenspielen.

Die Aufrichtigkeit, das BRENNT; die Aufrichtigkeit, das SCHMERZT.

Ist dieses neue Wesen ... materiell geworden, dann ist das eine WUNDERBARE Gnade. Man kann es nicht anders sagen. Das ist die Lösung für alles — wenn es wirklich materiell geworden ist. Ich habe es gesehen, aber in einer subtileren Welt. Ist es wirklich materiell geworden? — Es scheint so. Ich weiß es nicht. Seit ein oder zwei Monaten fühlte ich so stark, daß etwas geschehen mußte ... Es ist möglich — es ist nicht unmöglich. Wenn es hier ist, dann bringt das eine SO POSITIVE MACHT in die Atmosphäre, das ist ungeheuer! Die Leute können nicht begreifen, oder sie begreifen nur über Umwege und Masken ... Das beschleunigt notwendigerweise alles zum Besten, zum Wahren, und dann natürlich auch zum Zusammenbruch der Lüge.

Ich weiß es wirklich nicht, mein Junge.

Wir werden es sehen — wir werden es gewiß sehen.

Ich kann nur von meiner eigenen Erfahrung sprechen: es wird sehr, sehr extrem, zugespitzt. Man hat den Eindruck, am Rande eines ... Grates zu sein.

Oh, ja! Ich verstehe Mutter — alles-alles-ALLES. Es ist schade, daß ich es so spät verstehe; hätte ich sie damals besser verstanden, hätte ich sie ein wenig mehr geliebt. Das, das schmerzt mich oft ...

(Schweigen)

Was soll's, mein Junge, wir werden schon sehen. Man muß seine Arbeit tun und ... Man muß vor allem den weißen *Laser* in dieses ganze Gewimmel der Lüge hier eindringen lassen — man muß seine Arbeit tun. Das ist alles.

*

(Mutter:) **Nachdem Sri Aurobindo von der Herabkunft des Supramentals gesprochen hatte, sagte er, man müsse ein ÜBERGANGSWESEN zwischen unserem gegenwärtigen mentalen Zustand (selbst des erhabensten höheren Mentals) und dem supramentalen Bereich vorbereiten, denn, so erklärte er, wenn man direkt in die Gnosis enträte, würde das eine so abrupte Veränderung hervorrufen, daß unsere physische Verfassung dem nicht standhalten könnte — eine Zwischenstufe ist notwendig. Davon bin ich auf Grund von Erfahrungen, die ich hatte, ganz und gar überzeugt: zweimal wurde ich richtiggehend von der supramentalen Welt ergriffen, und beide Male war es, als würde der Körper — wirklich der physische Körper — vollkommen aufgelöst durch ... man könnte fast sagen, durch die Gegensätzlichkeit der Zustände.** (15.10.61)

(Sri Aurobindo:) **Es ist nicht zu erwarten, daß sich die gesamte Menschheit auf einmal zum Supramental erhebt; anfangs mögen nur jene die höchsten Gipfel oder Zwischenstufen des Aufstiegs erreichen, deren innere Entwicklung sie auf eine so starke**

Veränderung vorbereitet hat oder die durch die direkte Berührung des Göttlichen in sein vollkommenes Licht und seine vollkommene Macht und seinen vollkommenen Segen erhoben wurden. Die große Mehrheit der Menschen mag sich noch lange Zeit mit der gewöhnlichen oder einer geringfügig erleuchteten und verbesserten menschlichen Natur zufrieden geben. Aber selbst das wäre schon eine hinreichend radikale Veränderung und Anfang einer Transformation des Erdenlebens; denn der Weg wäre offen für all jene, die den Willen haben, sich zu erheben; der supramentale Einfluß würde das Erdenleben berühren und würde selbst die nicht-transformierte Mehrheit beeinflussen — es gäbe eine Hoffnung; und ein Versprechen, das jetzt nur wenige teilen oder verwirklichen können, wäre schließlich allen zugänglich. (16.22)

*
* *

(Wir setzten uns unter einen Baum. Jeglicher menschliche Lärm schien verstummt. Wieder ergriff einen von innen diese dichte Macht in Satprems Nähe, sanft und zugleich zwingend.)

(Lachend) Man wird denken, es ist ein Außerirdischer!

(ich brauchte einige Sekunden, um zur Realität zurückzufinden)

(Luc:) Ach, ja! — daß er von der Venus kommt!

Oh, weißt du, des Menschen Stumpfsinn kennt keine Grenzen! Keine Grenzen.

Aber ich glaube, dieses Wesen hat ... es wird "Kräfte" haben, aber nicht die, die man sich vorstellt — nicht die, die man sich vorstellt. Es wird diese AUFGEBLASENE DUMMHEIT zum Bersten bringen.

Es nützt nichts, zu spekulieren. Wir wissen es nicht — wir wissen nichts.

Wir wissen nichts.

S's Beschreibung [des neuen Wesens] ist VOLLKOMMEN richtig — es ist ganz und gar materiell.

Ich hatte den sehr deutlichen Eindruck, daß etwas geschehen würde — daß etwas geschehen MUSSTE. Mehr kann ich nicht sagen.

(Schweigen)

Oh, wenn es hier, in der Materie ist, wird sein "Radar" *(lachend)* es vielleicht zu uns führen, um uns einen guten Tag zu wünschen!

Ich hatte wohl etwas gesehen, aber nicht in dieser Form.

(Schweigen)

Wir befinden uns in einem tödlichen Goldfischglas — wir sind wie Fische, unverbesserliche Fische, und alles, was jenseits des "Glases" liegt, das-ist-der-Tod-das-ist-der-Tod-das-ist-der-Tod: das Ersticken. Offensichtlich gab es einige Wesen, die versuchten zu sagen, zu zeigen — zu beweisen —, daß man trotz allem doch nicht "erstickt": man geht über in eine andere Luft, in ein wahres Leben. Und der "Übergang" besteht darin zu versuchen, die Nase aus diesem menschlichen Goldfischglas HINAUSZUSTECKEN. Gäbe es jetzt ein erstes Wesen, das in aller Ruhe dahersegelt und auf der Oberfläche gleitet, verstehst du, was für eine mächtige Hilfe das sein könnte? Ein Wesen, das "supramental" wäre. Wenn es hier ist, wenn es sich manifestiert ... wird das vieles zum Einstürzen bringen; es wird helfen, viele Dinge zu durchbrechen, viele Schranken. Jedenfalls war es nötig — ist es nötig —, daß einige Wesen versuchen, die Nase durch die Oberfläche zu stecken, in die andere Luft — die NICHT tödlich ist.

(Sri Aurobindo:) Nicht nur der Tod ist Schein, sondern das Leben selbst ist auch Schein, und jenseits des Lebens und des Todes besteht ein Zustand, der wahrer und deshalb dauerhafter ist als das eine und das andere. (12.1)

Es ist das wahre Dasein, Das Leben aus dem unser Leben hervorgeht, es ist Unsterblichkeit; verglichen damit ist das Leben, an das wir uns klammern, nur "ein Hunger, der der Tod ist". (12.204)

(Mutter:) Bis alles transformiert ist, erfordert es noch eine kolossale Arbeit. Aber wenn man sich auf "der anderen Seite" befindet (das ist eine Redensart, es gibt eigentlich keine Seiten), aber im anderen Zustand, erscheint alles so natürlich, so einfach, daß man sich fragt, warum es nicht immer so ist, warum es so schwierig erscheint? Und sobald man wieder auf der alten Seite ist ... *(Mutter nimmt ihren Kopf zwischen die Hände)*, die Mischung ist noch da, das ist unbestreitbar.
Der gewöhnliche Zustand, der alte Zustand ist wirklich in bewußter Weise (das heißt, es ist eine bewußte Erkenntnis) der Tod und das Leiden. Und im anderen Zustand scheinen diese Dinge ganz und gar ... unwirklich — so ist es. (18.10.65)

*

Der Ruf

(Am nächsten Tag bat mich Satprem zu meiner Überraschung, wieder das Tonbandgerät auf unsere Wanderung mitzunehmen. Und ich fühlte mich ermutigt, ihm die Frage zu stellen, die mir wirklich am Herzen lag:)

(Luc:) Meine Frage betrifft diese "Macht", von der du gestern sprachst. Von außen betrachtend hat man den Eindruck, es ist ein bißchen wie ein Wagen, der mit einer bestimmten Geschwindigkeit auf einer Straße fährt, dann beschleunigt-beschleunigt und AUF EINMAL ereignet sich eine Art ... Bruch in der Bewegung: der Wagen verläßt die Fahrbahn und erhebt sich in die Luft — benimmt sich in einer Weise, die überhaupt nicht mehr DEN REGELN ENTSPRICHT. Als ob diese Macht plötzlich etwas entspräche, das mit dem, was man aus der herkömmlichen Spiritualität kennt, nichts gemein hat ...

Oh, nein! Es hat nichts gemein damit!
Die wären vollkommen zermalmt, wenn sie das berührten!
Die Rishis, ja, die wußten ...

Meine Frage ist jetzt natürlich, ein bißchen zu wissen, wie ... Nicht eigentlich zu wissen, WIE man das bewirkt — denn ich verstehe, daß man es nicht "bewirkt", in Wirklichkeit kommt etwas anderes — aber ...

Was hilft, das zu erreichen?

Ja, genau ... Was geht im entscheidenden Augenblick im Wesen — im Körper — vor sich, damit Das sich manifestiert?

Ich würde die Sache gerne sehr einfach beschreiben (ich nehme immer wieder das gleiche Bild, weil ich es sehr schlagend finde): wir sind WIRKLICH wie Fische in einem Goldfischglas — das trifft es genau. Es ist ein Goldfischglas des SCHRECKENS, des SCHMERZES, des UNHEILS. Und jetzt — nun, es gibt Gnaden im Leben, nicht wahr — plötzlich gibt es etwas im Wesen, das RUFT ... ruft — und materiell ruft, nicht im Kopf, nicht durch Askese oder durch was auch immer: der brave Mann auf der Straße ERSTICKT plötzlich. In diesem Moment geschieht etwas ... plötzlich stößt der Fisch mit seiner Nase zur anderen Seite der Wasseroberfläche, in eine andere Luft — die UNGEHEUER ist (ungeheuer für ihn, weil er noch Fisch ist). Aber du verstehst, man ... dringt hindurch, man taucht auf — deine SUBSTANZ kann darin auftauchen, nichts anderes! Es ist der Schrei des zum Tode Verurteilten, der Schrei des Gefolterten, der Schrei im Alptraum, der Schrei des ... — man KANN NICHT MEHR, verstehst du, es ist nicht mehr erträglich: man stirbt.

Was ist jetzt die Art des Zugangs? — Sie ist nicht zu erhaschen, sie ist unbeschreiblich, sie gehört nichts an, keiner Spiritualität, keiner ... — sie gehört der Materie an, die RUFT.

Die ruft.

Sie ist plötzlich in ihrem Alptraum, und dann ruft sie ... Sie ist in ihrem Schmerz, sie ist in ... Sie ruft.

Dann taucht man ein erstes Mal auf. Man taucht auf ... und ist in dieser anderen Lebensmacht — die Das Leben ist.

*

(Sri Aurobindo:)
**Die gesamte Welt
wird in eine einzige Einheit verwandelt.** (5.563)

*

Eine Umwälzung im Körper

Für mich war die gewaltigste Entdeckung ... in meinem KÖRPER, nicht wahr, denn im Kopf kann man soviele Entdeckungen machen, wie man will, und es ist alles nur heiße Luft! Hingegen wenn der Körper eine Entdeckung macht, ist das ... absolut, verstehst du; wie wenn er plötzlich schwimmen kann, plötzlich kann er ... : er KANN. Das sind unzweifelhafte Entdeckungen. Nun, das war so ungeheuer an jenem Tag, als der Körper plötzlich ERKANNTE (er empfand einen fürchterlichen Schrecken vor all dieser Grausamkeit, all diesem Schmerz, all ...), er sagte sich : "ABER ... DAS IST NICHT DAS LEBEN, DAS STIRBT, SONDERN DER TOD, DER LEBT!"

Verstehst du?

Es ist der TOD, der lebt — nicht das Leben, das stirbt, sondern der TOD, der lebt.

Überall spürte ich diesen-Tod-diesen-Tod-diesen-Tod, grausam — der Tod in all seinen Aspekten: der Tod im Geist, im Herzen, im Leben. Es gab nichts als den Tod, und wirklich diesen Schrecken: aber was ist das denn für ein Leben!

Was ist das für ein Leben?

Daraufhin ... verstehst du, ich kann es schwer beschreiben, denn auf der Ebene des Körpers ist das zugleich sehr einfach und sehr überwältigend. Es war wie eine Umkehrung all seiner Werte. Aber da geht es nicht um "intellektuelle Werte": es wurde plötzlich erlebt, es war ... als würde man auf die Welt kommen! nicht wahr, auf EINE Welt. Nun, so ist es: nicht das Leben, das ... sondern der TOD, der lebt.

Das bewirkte wirklich eine Art ... Umwälzung, eine Neuordnung, die den Körper eine Schranke durchbrechen ließ, das kann ich dir versichern.

Es gibt keine Vorgehensweise.

Verstehst du, im AUGENBLICK des Todes kann man anfangen aufzutauchen. "Im Augenblick des Todes": man kann im Herzen sterben, man kann geistig sterben, man kann ... (letzten Endes hört man in diesem Leben nicht auf zu sterben — man tut nichts anderes!). Jedenfalls muß es hinreichend ... dieser Tod muß einen genügend ERWÜRGEN ... damit eine so eindringliche Aspiration im Körper erwacht — nicht wahr, als würde man ersticken.

Als würde man ersticken.

Nun, hör mal, dafür gibt es keine Anleitung! Man muß plötzlich dieser ... Hölle in der Tiefe einen TRITT geben, und dann taucht man auf. Man "taucht auf": in seiner SUBSTANZ taucht man auf, nicht im Geist! verstehst du. Es ist zugleich SEHR EINFACH und ganz und gar unerklärlich. Es gibt KEINEN

Weg, das ist etwas Automatisches. Darüber gibt es keine "Literatur". Darüber gibt es keine Philosophie.

Für den Körper wird das Göttliche GETRUNKEN!

*

(Mutter:) Das ist nicht das Ergebnis einer Aspiration oder einer Suche oder einer Anstrengung oder einer *tapasya* [Askese], nichts von alledem: das kommt, wumm!

... Und es ist nicht nachzuahmen. Das ist das Wunderbare, man kann es nicht vortäuschen! Alles andere, zum Beispiel all die asketischen Verwirklichungen, kann man vortäuschen, aber nicht das, es ist ... es gibt nichts Äquivalentes, nirgendwo.

... Eure ganze Aspiration, eure ganze *tapasya*, all eure Bemühungen, alles Individuelle ist absolut wirkungslos — das kommt und es ist da.

Und ihr könnt nur eines tun, und zwar, euch SO WEIT WIE MÖGLICH AUFZUHEBEN. Gelingt es euch, euch vollkommen aufzuheben, so wird die Erfahrung vollkommen. Und könnte man diese Selbstauflösung andauernd aufrecht erhalten, so würde die Erfahrung ständig bleiben. (25.2.61)

*

Ich versichere dir, das erste Mal war es ... wirklich wie ein NEKTAR! Der Körper TRANK. Über STUNDEN hinweg trank er — er trank, er trank, er TRANK ...

So etwas hatte ich noch nie erlebt!

Es war ... wunderbar! Er trank, trank, trank, trank — wirklich als hätte er jahrtausendelang gedürstet, und jetzt auf einmal, ja, er TRANK das Göttliche! — Es gab keine Worte, nichtmal ein "Göttliches": das Leben drang zum ersten Mal in ihn ein.

(Sri Aurobindo:)
**Ich trank das Unermeßliche
   wie einen Wein der Giganten** (5.161)

*

Dann ist es eine Macht ...
Den Weg kann man nicht beschreiben: er ist automatisch. Du kannst ihn nicht "verstehen"; du kannst nicht einen Weg verstehen, den es nicht gibt: er wird für dich GEMACHT. Du kannst ihn nicht verstehen, denn wie willst du einem Fisch erklären, was im Sonnenlicht vor sich geht? — Das ist nicht möglich. Es ist eine andere ... Seinsart.
Es ist ganz automatisch.
Das einzige ist der Anfang, das ist: "Wirklich, hier drin krepiert man!" Man krepiert, das ist alles. Und man krepiert nicht im Kopf: man HÄLT ES NICHT MEHR AUS! Und diese ganze Materie, all das was VERDECKT ist, nicht wahr, eingeschlossen, in ein Grab eingeschlossen ... dieser ganze Körper ist ÜBERDECKT von dieser HORRENDEN mentalen Formation: diese Philosophie, diese Religion, dieser Atavismus, all das ... (er steckt wie in einem Grab darin!), plötzlich ZERREISST das.
Der Körper erstickt doch! — man weiß es nur nicht. Man merkt es ... man merkt es, wenn er anfängt zu sterben! Und für das Ersticken und Absterben gibt es keine Anleitung: in diesem Augenblick geschieht, was immer geschehen mag ...

*

(Sri Aurobindo:)
**Licht lodert in Wonne durch die Nerven!
Licht, schöpferisches Licht!
Jede ergriffene inbrünstige Zelle
Im stummen Feuer der Ekstase
Bewahrt einen lebendigen Sinn
   des Unvergänglichen.** (5.150)

(Mutter:) Der Körper ist etwas sehr Einfaches und Kindliches und er hat diese Erfahrung in so zwingender Weise, nicht wahr, er braucht nicht zu "suchen": er muß nur eine Minute seine Tätigkeit unterbrechen und ... es ist da. Und dann fragt er sich, warum die Menschen das nicht von Anfang an wußten? Er fragt sich: "Warum, warum haben sie alle möglichen Dinge gesucht — Religionen, Götter ... alles mögliche —, und es ist doch so einfach!" Für ihn ist es so einfach, so offensichtlich. (11.12.68)

*

Dann, nach und nach — ja, dann kommt das schmerzvolle Nach-und-Nach —, lernt der alte Fisch ... diese andere Luft zu leben, diese Andere Macht, diese andere Atmung.

Aber das ist *so* materiell *(Satprem ballt seine Faust)*. Es ist wirklich ... das ist kein Bild — das ist *so* materiell. Als eines Tages ein Fisch zur Amphibie wurde, nun, er muß am Krepieren gewesen sein ... er mußte am ERSTICKEN und am STERBEN sein, um sich eine neue Atmung zu erfinden. Nun, jetzt ist es WIRKLICH so, verstehst du.

Es ist WIRKLICH so — es ist MATERIELL so.

Das sind keine "Bilder".

*

(Mutter:) Es ist als schwimmt man. Man hat den Eindruck, das göttliche Bewußtsein ist überall, sehr stark — sehr stark —, sehr mächtig, und der Körper ist wie gebadet darin, und er macht den Eindruck von etwas, das noch ... ein bißchen hart ist — ja, ein wenig hart, ein bißchen wie eine Rinde —, ein bißchen hart, das aber anfängt, weicher zu werden, das anfängt, diese Geschmeidigkeit, diese Plastizität zu bekommen. (3.2.68)

*

Die andere Luft

Ich kann dir ganz einfach beschreiben, wie es kam ... wirklich, das erste Mal als ... als es geschah. Ich brauche dir nicht alle Einzelheiten erzählen — seit ich zwanzig Jahre alt war, hatte man mich wirklich in den Schrecken GETAUCHT, und ich habe diesen Schrecken und diesen Schmerz sehr intensiv gelebt — sehr ... sehr ...
Nun ...

(Schweigen)

Aber es kommt ein Punkt, wo man wirklich das Ende von ALLEM erreicht. Diesen Punkt mit zwanzig zu erreichen, ist bereits schwierig; ihn mit sechzig zu erreichen, ist in gewisser Hinsicht leichter — aber es ist auch schwieriger. Dann gibt es wirklich dieses intensive ... BEDÜRFNIS im Körper — denn all die spirituellen Traditionen, alle Ideen, alle Mittel, all das, das ist ... das gehört noch zum Goldfischglas, das ist Teil des Erstickens — das ist Teil des NICHTS, verstehst du. Diese Materie, dieser Körper, ist so erfüllt mit Schmerz und zwar mit einem WAHREN Schmerz — denn schließlich hat man lange genug gelebt, um ein wenig dieses ELEND zu fühlen, das nicht nur das eigene ist, sondern das Elend dieser schrecklichen Welt. Und man sagt sich: "Aber was, nun ... du wirst sterben, und was dann, was hast du erreicht? Was hast du wirklich ERLEBT? Was ... ja ... WO IST DAS LEBEN!! — wo ist das Leben?"
Wo ist das Leben.
Nun, eines dieser Male (denn man kann es nicht ertappen, das kommt Millionen Male, Tausende Male, und an manchen Tagen ist es deutlicher — nun, es war an so einem Tag, an dem es deutlicher war), es war wirklich als wurde alles, was in diesem Körper steckt, alles, sein ganzes Bewußtsein, dieses... — dieses was? — das was diesen Körper BELEBT, all das wurde von einer solchen Intensität ergriffen, aber es war eine TÖDLICHE Intensität, man könnte sagen, Intensität des RUFENS ... Mir war als sähe ich die ganze Kurve, von meinem

zwanzigsten Jahr und der Gestapo bis zum sechzigsten — und ich sah vierzig Jahre des Schreckens! Nicht wahr, vier-zig Jahre: ich werde sechzig und finde immer noch DENSELBEN SCHRECKEN!

Siehst du, all diese Dinge kann man nicht aussprechen...

Da ist es ... ich weiß nicht. Offensichtlich gab es diesen Ruf schon viele Male, viele Male — sicherlich viele, viele Male. Und lange Zeit.

Und so kam ein Tag, an dem dieser Ruf des Körpers, dieses ganzen Gebildes, wie Millionen und Milliarden von materiellen Teilchen war, die aus meinem ganzen Körper aufstiegen-aufstiegen-aufstiegen, und die ... aufstiegen. Ich sagte mir: "Jetzt ist es soweit, du wirst sterben." Und es war mir ganz und gar gleichgültig. Es waren wirklich wie Millionen von Teilchen meines Körpers ... (des Bewußtseins meines Körpers? oder was? des Rufes meines Körpers? oder ...? — ich kann es nicht sagen.) Aber es machte wirklich den Eindruck von unzähligen winzigen Teilchen des Körpers, die sich bewegten. Als leerte sich der ganze Körper, nicht wahr. Als entleerte sich der Körper seines ganzen WESENS — seines ganzen ... LEBENS (seines Blutes, vielleicht?).

Aber dann war er plötzlich ... nun, er war in dieser Anderen Luft ... Er hatte den Eindruck, daß er stieg, stieg, stieg, stieg, aber tatsächlich war er auf dem Erdboden geblieben, und dann tauchte er auf in ... in einer anderen Luft, in einer anderen Macht, in ... — nenne es, wie du willst.

Diese Dinge kann man nicht beschreiben. Ich sage dir: es ist zugleich äußerst einfach und ... man muß es ... — die Menschen müssen es leben, das ist alles.

Die Menschen müssen es leben.

*

(Mutter:) **Es ist ein Zustand intensiver Schwingung, in dem man gleichzeitig ein Gefühl der Allmächtigkeit hat, selbst hierin** *(Mutter zwickt die Haut ihrer*

Hand), in diesem alten Apparat, und ... eine leuchtende Allmächtigkeit. Und immer dieses ... etwas wie Güte oder Wohlwollen, aber es geht weit darüber hinaus (diese Worte scheinen wie lächerliche Entstellungen)! Das ist so *(Geste des Aufgehens)*, und es ist statisch, das bedeutet, daß in den Zellen ein Gefühl der Ewigkeit herrscht. (23.4.69)

(Sri Aurobindo:)
Göttliche Kraft wird Gewebe und Zellen
    durchströmen
Und die Führung von Atem und Worten und Taten
    übernehmen
Und alle Gedanken werden ein Glühen von Sonnen
    sein
Und jede Empfindung ein himmlisches Erschaudern.
Oft wird eine innere Morgenröte erblühen
Und die Hallen des schlummernden Verstandes
    erleuchten;
Eine plötzliche Seligkeit wird die Glieder
    durchlaufen
Und die Natur mit einer mächtigeren Gegenwart
    erfüllen.
So wird die Erde sich der Göttlichkeit öffnen
Und gewöhnliche Naturen werden das weite Erheben
    verspüren,
Gewöhnliche Taten durch des Geistes Strahl
    erleuchtet
Und die Erde wird der Gottheit in gewöhnlichen
    Dingen begegnen.
Die Natur wird leben, um den geheimen Gott zu
    verkörpern,
Der Geist wird das menschliche Spiel übernehmen,
Dieses irdische Leben zum göttlichen Leben werden.
(29.710)

*

Es muß genügend RUFE geben, eine ausreichende Intensität des Verlangens, eine ausreichende ... Vielleicht kam es so zu den Mutationen? Weil eine Art dabei war zu VERENDEN — da mußte sie das Andere Mittel finden, oder sterben.

Das muß in einigen Individuen geschehen.

Das können IRGENDWELCHE Individuen sein.

Die Gnade ist ... zu rufen.

Das ist es.

Man könnte sagen, die Gnade ist auch zu ersticken ...

Das ist wahr.

Und dann hat es nichts mit den spirituellen Traditionen gemeinsam. Verstehst du, ich habe immerhin ... ich habe alle nur möglichen Erfahrungen in meinem Leben gemacht, nicht wahr, diese "höheren" Bereiche, die Super-Bereiche der Yogis und der Meditierenden kenne ich gut: ich habe sie alle erforscht. Nun, sie scheinen wie ein VERSCHWOMMENER Traum — wie ein Traum — im Vergleich zu dem. Hier ist es eine Macht von solcher DICHTE! Und dennoch ist es ein unglaublicher Nektar. Etwas, das man SCHMECKT, das man TRINKT, das man ... ATMET, verstehst du. Wie willst du das beschreiben? Für den Körper, der im Tod stand, während ... na ja, für mich sind es fast sechzig Jahre, wirklich (und für jeden, soviele Jahre, wie er gelebt hat, die waren alle ein Tod, oder?), und auf einmal ist es das Leben!

Auf einmal ist es das Leben.

Aber ein Leben ... es ist nicht so, daß man ein für allemal auftaucht. Man schleppt noch den ganzen alten Fisch hinter sich her. Deshalb muß man ständig ... Ja, danach muß der ganze alte Fisch die neue Art zu atmen, die neue Art zu leben lernen. Man muß lernen. Und wie lernt man? — Nun, das erlernt man, indem man erstickt, indem man sich sehr müht, indem ... : man lernt es bei der Arbeit. Verstehst du, all das steht in keiner Anleitung. Und es wird sich ändern, es wechselt von Fall zu Fall. Wie lernt man, vom Fisch zur Amphibie überzugehen? Und wie lernt man dann, seine Beine zu ent-

wickeln, um auf festem Boden zu gehen? Ja, wie lernt man?...
　Das ist es.
Man muß die Flossen in etwas Bewegliches verwandeln, man muß die Lungen in etwas verwandeln, das diese neue Luft atmet: es ist ... eine ganz andere Seinsart. Das muß sich entwickeln, das muß erlernt werden ...

*

(Mutter:) **Vor allem wegen den dauernden Kontakten ist es nicht beständig ...** *(Geste auf die alte Welt um Mutter herum).* **Aber auch ohne Kontakte, zum Beispiel nachts, kann der Körper ein oder zwei Stunden in diesem Zustand bleiben, aber dann, man weiß nicht was geschieht, plötzlich: ah! Er fällt zurück in die alte Art, und dann ... Dann schmerzt es hier, schmerzt es dort, man fühlt sich unwohl, oh!... Abscheulich. Und wenn man einfach aufsteigt und all diese Trennungen verschwinden, dann ist es so klar! So klar, so transparent und so einfach! So einfach!...**
Das Leben könnte so wunderbar einfach und schön sein ... Der Mensch hat es wirklich stumpfsinnig gemacht. (9.4.69)

Der Augenblick des Übergangs von einer Art zu anderen ist etwas schwierig. Es geschieht ganz allmählich, aber dennoch gibt es im Augenblick des Übergangs einige Sekunden, die ... das wenigste, was man sagen kann, ist, daß sie "überraschend" sind.
Alle Gewohnheiten sind so defätistisch. Und alle Körperfunktionen sind so: der Blutkreislauf, die Verdauung, die Atmung — all die Funktionen. Und im Augenblick des Übergangs wird das eine nicht

plötzlich durch das andere ersetzt, sondern es gibt einen Zustand, wo man zwischen beiden schwimmt, und das ist ... schwierig. (21.1.67)

*

Ein automatischer Weg

Nun, dafür gibt es keine Gebrauchsanweisung. Es gibt nichts.

Und es ist ein wunderbarer Weg (in gewisser Hinsicht), denn da man NICHTS wissen kann, ist man SICHER, sich nicht zu täuschen! Man ist sicher. Man kann sich NICHT irren. Denn du kannst nicht wissen, welchen Schritt du tun mußt oder was du nicht tun darfst — du kannst es nicht wissen. Du weißt es nicht: du weißt NICHTS! Was kann ein Fisch schon über das Leben im Sonnenlicht wissen? — Er weiß NICHTS.

Folglich ist es ein vollkommen automatischer Weg — vollkommen materiell und vollkommen automatisch. Man stellt dich vor alle Hindernisse, alle Schwierigkeiten, alle Verwicklungen: vor alles Nötige, damit du die neue Art zu atmen und die neue Gehweise und die neue Seinsweise lernst. Und das kannst du nicht erfinden, du kannst es nicht planen — das ist nicht möglich. Das ist nicht möglich.

Man kann sich nicht irren — denn es gibt keinen Weg!

*

(Mutter:) **Keine Fesseln mehr — frei-frei-frei-frei! Immer bereit, sich zu ändern, alles zu ändern außer EINEM: die Aspiration. Dieser Durst.** (7.10.64)

Ich weiß nicht, was geschehen wird — man sagt dem Körper nicht, was geschehen wird. Das ist auch sehr leicht zu verstehen: wüßte der Körper im voraus, was geschehen wird, würde er sicherlich

Dummheiten begehen, anstatt sehr aufmerksam und sehr ... nun, nicht nur "horchend" zu sein (es geht nicht ums Gehör), sondern achtsam auf die Eingebung, genau das zu tun, was er tun soll — das, was für ihn bestimmt ist —, das gilt für alles-alles-alles, bis zu den kleinsten Sachen: essen, schlafen, sprechen, sich bewegen, alles-alles-alles. Die ganze Zeit, die ganze Zeit so sein: achtsam, nichts zu tun, was nicht genau das Gewollte ist. (25.6.69)

*

Und, weißt du, wenn du dir selbst etwas vormachen wolltest ... pfft! *(Geste eines Hackbeils)* Es ist nicht möglich, verstehst du, weil es ERDRÜCKT wird. Gerade weil es eine ganz REINE Luft ist, wird die geringste Sache, die nicht rein ist ... ERDRÜCKT. Das ist kein Witz! Man muß VOLLKOMMEN rein sein — und die ganze Arbeit ist eben, daß der alte Fisch sich seiner ganzen ... alten Seinsart entledigen muß. Und willst du auch nur einen Zipfel vom alten Fisch in die andere Luft herübernehmen, SO PLATZT er! Man kann "das" nicht täuschen, verstehst du — man kann nicht! Es ist nicht möglich: das ist eine materielle Tatsache. Du kannst nichts vom Fisch auf die andere Seite mitnehmen, es ist nicht möglich.

Das ist etwas, das für jeden Idioten, könnte man sagen, zugänglich ist. Aber nur für jeden, der ... wirklich erstickt, der wirklich ruft, der sich wirklich sehnt, der wirklich ...

All jene, die glauben, Abhilfen und Allheilmittel zu besitzen, stecken MITTEN im Tod des Goldfischglases: das sind nichts als tödliche Allheilmittel. Man darf wirklich keine "Allheilmittel" mehr besitzen — überhaupt nichts mehr.

*

(Mutter:) Weißt du, das kommt Tag für Tag und jeden Tag etwas Neues; und jedesmal die sofortige

Schlußfolgerung: ich weiß nichts, verstehe nichts, kann nichts, bin nichts ... Die Verneinung von ALLEM — alle Gebäude des menschlichen Mentals und Bewußtseins ... stürzen ein. Und das gilt für die kleinsten Dinge sowie für die großen — für alles.
(10.5.69)

*

Hätten Sri Aurobindo und Mutter diesen Weg nicht schon BEGANGEN, wäre es unmöglich, verstehst du, denn ... man würde augenblicklich in Panik geraten. Es ist nur möglich, weil ... Es war notwendig, daß sie den Weg erschlossen, denn sonst würde man sich für verrückt halten. Man würde direkt in den Tod fallen!
Der Weg wurde also erschlossen.
Die Oberfläche dieser ... tödlichen Illusion wurde ZERRISSEN, wenn du so willst. Und durch diesen Riß, sagen wir, muß es möglich sein ... daß andere ihrerseits folgen können: ihr Ruf kann hindurchdringen.

*

(Mutter:) Es muß *worked out* werden, wie man sagt: es muß in allen Einzelheiten ausgearbeitet werden, aber die Änderung IST VOLLBRACHT — die Änderung ist vollbracht.
Das heißt, die materiellen Bedingungen, die das Mental erarbeitet, FIXIERT hat *(Mutter ballt ihre Fäuste fest zusammen)* und die so unabwendbar schienen, so sehr, daß all jene, die eine lebendige Erfahrung der höheren Welten besaßen, glaubten, man müsse dieser Welt entfliehen, diese materielle Welt verlassen, um wirklich in Der Wahrheit zu leben (das ist der Ursprung all dieser Theorien und Glaubensrichtungen). Aber jetzt ist es nicht mehr so! Jetzt ist es nicht mehr so. Das Physische ist

FÄHIG, das Höhere Licht, die Wahrheit, das Wahre Bewußtsein zu empfangen und zu MA-NI-FES-TIE-REN. Es ist nicht leicht, es erfordert Ausdauer und Willen, aber ein Tag wird kommen, wo es ganz natürlich sein wird. Jetzt ist die Tür gerade einen Spalt geöffnet — das ist alles, jetzt muß man hindurchgehen. (14.3.70)

*

Jetzt ist es zwar schwierig, doch es gibt das Wunder — das erlebte Wunder. Aber all das kann man nicht aussprechen. Es ist als entdeckte man das Leben, ja!
So ist es wirklich.

Die Wonne im Körper

Ich war mir nicht bewußt, wie ... Einmal mußte ich nach F. gehen, zum Zahnarzt. Und ich fühlte mich wirklich so elend, als stünde ich am Ende meines Lebens. Ich fühlte mich so ... entkräftet durch diese Menschenmengen, die es eilig haben, die sich überstürzen. Und ich war mir nicht bewußt, wieviel ich schon aufgenommen hatte (man ist sich nicht bewußt, daß man sehr viel dieser anderen Luft in sich aufnimmt); ich kehrte zurück nach Hause, und plötzlich war es fabelhaft, diese FLUT DES LEBENS, die ich aufzutrinken begann — zu trinken-trinken-trinken, als würde mein Körper ... Es war fabelhaft! Der Körper, seine Milliarden Zellen, all das trank-trank-trank-trank-trank-trank, als ob ... Ich kann es nicht sagen. Das ist ... das ist konkret!

Es ist wirklich ein Nektar. Etwas das noch nie erlebt wurde.

Das ist ... für den Körper ist das göttlich. Es ist das Göttliche, es ist wunderbar, bezaubernd, eine Wonne. Es gibt nichts zu sagen — aber der Körper versteht! Er versteht.

(Sri Aurobindo:)
Deine Verzückung lodert in meinen Nerven
Und alle Zellen und Atome erschaudern mit Dir;
Mein Körper ist Dein Gefäß und dient nur
Als Kelch Deiner Ekstase. (5.135)

*

Du kannst dir nicht vorstellen, wie wunderbar das ist ... es ist wirklich als hätte dieser "body" — dieser Körper, nicht wahr, diese Zellen —, als hätte er Tausende und Tausende von Jahren gelebt und Wüste um Wüste um Wüste durchquert, und dann findet er plötzlich das WASSER des Lebens: ein unbekanntes Wasser, eine unbekannte Luft, die zum ersten Mal sein Atem wird. Das ist ... nicht zu glauben, ich versichere es dir. Es ist nicht zu glauben! Es ist nicht "sagbar": es ist eine Tatsache. Man kann es mit nichts vergleichen.

Und das, das ist das Leben!

Das ist das Leben. Und zwar jenes, das ... alles aufbauen wird ... das Das LEBEN bilden wird! — das es noch nicht gegeben hat, verstehst du.

Das Leben, das es noch nicht gegeben hat ...

Das ist die Zukunft, das werden wir sehen. Darüber mache ich mir keine Gedanken.

(Schweigen)

Dieses Aufgehen der WONNE im Körper ... Das ist unglaublich! Man kann es nicht in Worte fassen. Man würde meinen, er berührte es und ... er ist DARIN.

Es ist eine absolute Umwälzung, ein Schock ... im umgekehrten Sinne. Ich weiß nicht, wie ich es sagen soll: er war tot und jetzt lebt er! Wie willst du das sagen? — Und selbst, es so zu sagen, ist ... ist ...

Ja.

*

(Sri Aurobindo:)
All meine Zellen beben, ergriffen von einer
   herrlichen Flut ...
Starr wir ein Stein, fest wie ein Hügel oder eine
   Statue
Spürt und trägt mein weiter Körper die Last der
   Welt;
Mit Grauen durchdringt die gigantische Herabkunft
   des Gottes
Glieder, die sterblich sind ... (5.563)

(Mutter:) Wenn die neue Art im Reinzustand gegenwärtig ist, ohne Mischung, gibt es im Körper, im Bewußtsein des Körpers noch ... *(Geste der Überraschung)* das Erstaunen über etwas, das noch unmöglich erscheint. (4.4.70)

*

Also das, das vergißt der Körper nicht — er vergißt es nicht, es hinterläßt einen wunderbaren Eindruck, überall, in all seinen Myriaden Zellen. Von dieser Sekunde an ... Und es ist zugleich eine Hilfe, das was ihm helfen wird, diese REINIGUNG — und sie ist SCHMERZHAFT — all der alten Überreste des Fisches durchzustehen, verstehst du. Das, das ist kein Spiel: dieser alte Tod, den man noch mit sich schleppt; eben all die Überreste ... *(lachend)* des alten Fisches, die man reinigen muß!

Aber das hinterläßt einen Eindruck, einen ... Ich weiß nicht.

Es ist wie ein Zusammenbruch im umgekehrten Sinne, ich kann es nicht anders sagen: er war tot, und er lebt; er war eingeschlossen in einem Gefängnis von allen möglichen Dingen, und jetzt, pfft! das Gefängnis gibt es nicht mehr! Man muß das selbst atmen, um ... plötzlich diese Art UMWÄLZUNG in dem ganzen Gewimmel ermessen zu können — aber eine

wunderbare Umwälzung! Eine Umkehrung von ALLEM: es war der Tod, und nun ist es das Leben (das, was er für das Leben hielt, war tatsächlich der Tod). Es kehrt sich wirklich alles um — und nicht im KOPF, sondern: der Körper hat es BEGRIFFEN.
Er hat es für alle Ewigkeit begriffen.

(Schweigen)

Komm, laß uns ein Stück gehen ...

*

(Mutter:) **Verstandesmäßig kann man alles erklären, aber das bedeutet überhaupt nichts: für den Körper, für das materielle Bewußtsein ist das abstrakt. Wenn das materielle Bewußtsein etwas begreift, dann weiß es das HUNDERTMAL BESSER, als es mit dem Verstand möglich ist. Wenn es etwas weiß, dann hat es die Macht: Wissen verleiht ihm die Macht.** (13.3.68)

Früher, wenn ich Erfahrungen hatte (das ist schon lange her, vor Jahren), dann war es das Mental, dem sie zugute kamen und das sie verbreitete, verwendete; jetzt ist es nicht mehr so: es ist unmittelbar der Körper, der Körper hat die Erfahrung, und das ist SEHR VIEL WAHRER. Es gibt eine bestimmte intellektuelle Einstellung, die breitet eine Art Schleier oder ... ich weiß nicht, etwas ... etwas Unwirkliches über die Wahrnehmung der Dinge — eine Einstellung oder eine Haltung. Es ist als schaute man durch einen Schleier oder ein gewisses ... eine bestimmte Atmosphäre, während der Körper die Dinge in sich selbst wahrnimmt, er WIRD die Sache. (25.7.70)

*

Eine einfach wahre Welt

(Wir haben unseren Gang wieder aufgenommen. Die umgebenden Bäume heben sich mit erstaunlicher Deutlichkeit vom Hintergrund des Himmels ab. Satprem fährt fort:)

Und sie sitzen alle dort und sind dabei, Mutters und Sri Aurobindos Grab ANZUBETEN — anstatt es zu DURCHBRECHEN!

(Schweigen)

Sie sind es, die im Grab sitzen.

(Schweigen)

Es wird schön sein, den Tag zu sehen, an dem dieses Grab der Welt, dieses Grab des Schmerzes und der Lüge und dann des Schreckens ... wenn es AUFBRICHT, wenn es endlich eine neue Erde gibt, mit einer freien Luft, einer freudigen Luft, einer wahren Luft, ja, es ist eine wirklich wahre Luft.
Das ist eine WAHRE Welt, verstehst du! *(mit bewegter Stimme)* es ist ... es ist WAHR — für einmal ist es wahr, einfach WAHR.

(Schweigen)

Das ist vielleicht gerade die Gnade unserer Zeit, unseres Jahrhunderts, unseres ... (die Gnade unseres Schreckens, könnte man sagen): wir haben einen so fürchterlichen Punkt erreicht, daß wir eine Chance haben, daß es brechen wird und wir daraus auftauchen, nicht wahr. Nicht durch ihre Bomben — all das ist noch der Triumph des alten Todes — nein, aber daß etwas im Bewußtsein der Welt BRICHT. Vielleicht ist das die Gnade dieser schrecklichen Epoche. Früher war Der Schrecken schön retuschiert, er war in schöne Literatur gekleidet, in schöne Religion, schöne spirituelle Dinge. Er war vergoldet und annehmbar — jetzt ist er nackt. Das ist auch eine Gnade. Man kann sich nicht mehr täuschen. Eine ganze

Illusion, die niemand mehr haben kann; all das ist weggefallen. Das sind begnadete Augenblicke, eben weil die Illusion großenteils zerplatzt ist.

(Schweigen)

Setzen wir uns ein wenig?

(Wir setzten uns an den Rand eines Feldes, zu Füße eines schönen Baumes mit glatter Rinde und geradem Stamm)

Die Schwierigkeit ist, wenn in der Welt — sagen wir, in der Gesellschaft — ein Mensch eine solche Erfahrung hätte, wenn sein Rufen auf die eine oder andere Art den Schleier zerreißen könnte oder das Goldfischglas durchbräche, würde er sich sofort für verrückt halten!

Man darf nie vergessen, daß dieses "Andere" wirklich göttlich ist, reines Göttliches, lebendes Göttliches. Und so trägt es viel Sorge für ... das, was geschehen mag. Man könnte sagen, es kümmert sich automatisch um das, was gegenwärtig ist. Es ist eben nicht "denkbar", es ist ein Wunder ... automatisch, einfach so, ganz natürlich — es ist ganz natürlich: "das" tut das Notwendige, "das" weiß automatisch alles sehr genau.

*

(*Mutter:*) Nicht wahr, alles was man tut, alles was man weiß, basiert alles auf einer Art halbbewußten Erinnerung, die man hat — das ist jetzt weg. Überhaupt nicht mehr da. Und es wurde ersetzt durch eine Art Leuchtende Gegenwart und ... die Dinge sind da, man weiß nicht wie. Es ist nicht als kämen sie wieder, wie zuvor, nein, es ist ... Und sie sind ohne Anstrengung da. Und es ist nur GENAU das da, was im gewünschten Augenblick notwendig ist. Da

ist nicht mehr das ganze Gepäck, das man hinter sich herzieht, wie vorher, nein: nur GENAU die Sache, die man benötigt. (4.5.68)

*

Jene, die verrückt werden, sind nur die, die in irgendeiner Weise betrogen haben.

Es ist dosiert — ich glaube wohl, es ist dosiert! Würdest du vollkommen, gänzlich darin auftauchen, na, wahrscheinlich gäbe es eine Explosion, alles würde sich in Luft auflösen, explodieren. Soweit ich es ermessen kann, geht das in Etappen vor sich. Etappen, das heißt, jedesmal wird eine tiefere physische Schicht berührt. Je tiefer es geht, um so mächtiger wird es natürlich ... Es ist dosiert — es ist nicht notwendig, das zu beschreiben, es braucht kein System, denn es ist wunderbar und automatisch göttlich.

Es ist das genaue Gegenteil von allem, was in diesem falschen, verdorbenen Mental geschehen kann, das die wunderbarsten spirituellen Überlieferungen aufschnappen kann, um die wunderbarsten aufgeblasenen Dummheiten daraus zu machen — es ist das GEGENTEIL davon.

In gewisser Weise ist es erschreckend, aber es ist erschreckend nur für den alten Tod, für die alte Lüge, für alles Verdorbene.

Für jeden einzelnen muß es wohl so geschehen ... in der gewollten "Dosis", im gewollten Augenblick, auf die gewollte Art.

Nur der TOD kann sterben!

Es ist ... es ist wirklich so.

Oh, weißt du, es ist von fabelhafter Einfachheit.

Nur die Lüge kann verrückt werden! Nur das VERDORBENE kann verderben, das ist alles — das ist einfach!

(Schweigen)

Es war offensichtlich notwendig, daß jemand ... den Weg erschließt, denn ... Jemand mußte es zum ersten Mal getan haben. Das ist die phantastische Arbeit, die Sri Aurobindo geleistet hat ... unglaublich.

Das ist unglaublich.

*

(Sri Aurobindo:)
Ich habe gegraben lang und tief
In einem Schrecken aus Schmutz und Schlamm
Ein Bett für das Lied des goldenen Flusses,
Ein Heim für das todlose Feuer.

Ich schuf und litt in der Nacht der Materie
Um den Menschen das Feuer zu bringen,
Doch der Haß der Hölle und des Menschen Spott
Sind mein Lohn seit dem Anfang der Welt ...

Meine klaffenden Wunden sind tausend und eine
Und ich werde von Titanen-Königen bestürmt...

Eine Stimme rief:
"Geh, wo noch niemand gegangen!
Grab tiefer, tiefer noch,
Bis du den grausen Grundstein erreichst
Und klopf an das schloßlose Tor..."

[Ich] tauchte durch die dunklen Wege des Körpers
Zu den Geheimnissen der unterirdischen Welt

Ich drang durch das schreckliche Herz
      der stummen Erde
Und hörte die Glocken ihrer schwarzen Messe.
Ich sah die Quelle, der ihre Pein entspringt
Und den inneren Grund der Hölle. (5.99)

Jetzt erreichen die Menschen und die Welt Diesen Augenblick. Wir erreichen diesen Augenblick ... des Wunders ...

Aber sie glauben, es ist der Weltuntergang, "der Tod" — es ist alles verkehrt. Alles ist verkehrt! Sie glauben, sie kommen zu einem Kataklysmus, zum Ende von ich weiß nicht was, zum Ende der Welt. Aber es geht weiter ... Es ist gewiß das Ende des Fisches ... (das wäre nicht schlecht!) jedenfalls das Ende dieser Art von ... intelligentem Fisch.

Man muß es wagen!

(Schweigen)

Es gibt alle nur denkbaren "Anleitungen", um Yoga zu machen — es gibt keine Anleitung zum Durst haben.

(Schweigen)

Und wenn man Durst hat, ist der Fluß da; hat man keinen Durst, gibt es den Fluß nicht.
Es gibt ihn nicht.

(Schweigen)

Das Wunder ...

Weißt du, eines Tages hat es mich so ergriffen — es ergriff mich. Es PACKTE mich in einer derart ... unerträglichen Weise.

Ich war gerade sechzig geworden. Und dann fand ich mich eine Nacht WIEDER mit der Gestapo und in dieser Welt des Schreckens. Und ich sagte mir: "Aber ... da hast du VIERZIG Jahre lang diesen Schrecken mit dir geschleppt. VIERZIG Jahre hast du diesen Schrecken mit dir herumgetragen ... und es ist immer noch da!"

Das war ... das war fürchterlich vor VERZWEIFLUNG, wirklich. Es war fürchterlich: ich befand mich wieder in einem ALPTRAUM, in dieser PERVERSEN Welt, Perversion, wie nur der MENSCH sie erfinden kann. Ich sagte mir: "Jetzt dauert das schon VIERZIG Jahre!"

Diesen Alptraum hatte ich schon ... Tausende Male gehabt.
Die ganze Welt steckt MITTEN im Alptraum.

*

(Sri Aurobindo:)
Ein Ort, wo nichts Wahrheit sein konnte ...
Eine riesige Täuschung war das Gesetz der Dinge.
(28.206)

*

Dies mußt du mit dir nehmen: Das existiert. Daß es dieses Wunder gibt: DAS EXISTIERT.
Es ist nicht kompliziert.
Das existiert.

(Schweigen)

Man muß dessen gewahr werden ...

(Schweigen)

Was wird dieses Wunder tun? Was wird Diese Macht des reinen Lebens tun? — Wir wissen es nicht. Es gibt keinen Weg: es wird getan. Man kann es nicht "verstehen": man tut es. Man weiß nichts darüber.

Verstehst du, manchmal, wenn Dieses Wunder kommt, ist es wirklich wie ein ... ich kann es nicht sagen: zugleich ein Nektar und eine Sturzflut von FEUER, die unerträglich für all das ist — eben für all das, was sterblich ist. Nun, wenn du die Menschen vor ein Meer von FEUER stellst und ihnen dann sagst: "Jetzt lauf hinein!" ... Sie können es nicht! Das ist offensichtlich: man KANN NICHT. Und so ist es mit dem ganzen Leben, der Tod sagt: "Man kann nicht." "Man kann nicht — schau her, sei vernünftig! Man kann nicht." Der TOD erzeugt all die man-kann-nicht, man-kann-nicht, man-kann-nicht ... Das ist so — und es ist mathematisch.

Deshalb kann man es nicht im KOPF tun. Die Zellen deines

Körpers müssen es leben! Dieses "man-kann-nicht" darf für die Zellen ganz einfach nicht mehr existieren! Und dann ist die Geschichte aus: es gibt kein "man-kann-nicht" mehr. Dann ist alles möglich.

*

(Mutter:) **Alle Unmöglichkeiten, all die "das-kann-nicht-sein, das-kann-man-nicht-tun ...", all das ist weggefegt; aber IM PRINZIP weggefegt, und es ist dabei zu versuchen, zur Tatsache zu werden, zur konkreten Tatsache.** (5.8.70)

*

Ich formuliere keine Vorstellungen, ich spekuliere über nichts, aber ich weiß, es IST SO: die "man-kann-nicht" verschwinden. Und was soll's, wir werden schon sehen!...
Aber in erster Linie ist es dieses "man-kann-nicht", das der ... Zauberstab des Todes ist.
Damit HÄLT er euch. Und darüber hinaus ist der Zauberstab noch "wissenschaftlich"!
Nur, diesen "Bann" kann man nicht im Geist auflösen, verstehst du. Einzig der KÖRPER kann seinen Bann auflösen. Nur DORT kann es getan werden: nur DORT dringt man vom Fisch in die freie Luft. Deine Materie, die noch zum alten Fisch gehört, taucht auf — in der Materie kann es getan werden, kann der Bann AUFGELÖST werden, nicht im Kopf. Es mag nützlich sein, es im Kopf zu wissen, aber dort geschieht das nicht, verstehst du. Das geschieht in keiner "Befreiung" hoch oben, in keinem Himmel — das geschieht IN der Materie. Und da ... nun, tue was du kannst, ja: es geschieht.

*

(Mutter:) **Wirklich, es ist eine Hölle; nur wegen Dieser Möglichkeit ist es keine Hölle. Nur weil es**

hinter der Hölle Diese Möglichkeit gibt — sie ist lebendig, wirklich, bestehend, man kann sie berühren, man kann darin leben —, sonst ist es höllisch ... Nicht wahr, man hat den Eindruck, alle Seinszustände wurden verquirlt (weißt du, wie wenn man Mayonnaise macht!), alle Seinszustände sind gut vermischt in einem großen Durcheinander; und so ist das "Schreckliche" natürlich erträglich... wegen dem ganzen Rest, der noch dabei ist. Aber würde man es aussondern... *(Geste des Schreckens).* (26.10.68)

*

Und manchmal geschieht es dir zum Trotz! Und auf unerwartete Art ... Du kannst NICHT dazu beitragen. Alles was du tun kannst, ist zu rufen, ist ... das Werk eines wahren Menschen zu tun, das heißt ein wenig aufrichtig zu sein.

Sie ist außerordentlich, die Welt, die im Kommen ist! Die da ist, die sich nähert, die ... die uns erwartet — die wartet, daß wir diesen faulen Zauber verlassen.

Nur, das kannst du nicht vortäuschen, das kannst du nicht fabrizieren: es wird FÜR DICH getan. Es ist gerade eine Welt, in der nichts mehr "täuscht", in der nichts mehr täuschen kann: es ist eine REINE, einfache Wahrheit (und noch, ich sage "Wahrheit" — das ist ein abstraktes Wort), es ist REINE Einfachheit, verstehst du, wie die Luft, die man atmet. Da kannst du nichts vortäuschen. Du kannst dir nichts "einbilden", du kannst nichts erfinden, du kannst nichts vortäuschen. Es kann keine Fälscher geben, keine Hochstapelei ist möglich: es ist die "Wahrheit" — es ist die REINE Luft. Und wenn du täuschen willst, stirbst du auf der Stelle! Alles in dir, was korrumpiert und tödlich ist, stirbt auf der Stelle.

*

(Mutter:) "Was Du willst, wie Du willst." Man muß wirklich das konkrete Gefühl haben, daß dies [der Körper] nicht existiert, er wird lediglich so "benutzt" — es gibt NUR DAS. Dieser Eindruck von Dem, von dieser bewußten Unermeßlichkeit, die *(Mutter breitet die Arme aus)* ... Diese UNERMESS-LICHE Kraft, diese UNERMESSLICHE Schwingung, die drängt-drängt-drängt-drängt ... Und Das öffnet sich, und wenn es sich öffnet, verbreitet es sich.
Das ist die einzige Lösung, eine andere gibt es nicht. Alles andere ... Aspiration, Konzepte, Hoffnungen gehören noch zum Super-Menschen, aber nicht zum Supramental. Das ist noch eine höhere Menschheit, die versucht, ihre ganze Menschheit nach oben zu ziehen, aber ... das nützt nichts. Das nützt nichts.
Das Bild ist sehr deutlich: diese ganze Menschheit, die sich festklammert, um zu klettern, die versucht, die Sache einzufangen, aber die nicht von sich selbst gibt — sie will nehmen! Und das, das geht nicht. Sie muß sich auflösen. Dann kann etwas Anderes kommen und ihren Platz einnehmen.
Darin liegt das ganze Geheimnis. (13.12.69)

Das Absurde hier sind all die künstlichen Mittel, deren man sich bedienen muß. Jeder Idiot hat mehr Macht, wenn er mehr Mittel besitzt, um sich die nötigen künstlichen Hilfen zu verschaffen. Anders in der supramentalen Welt: je bewußter man ist und je mehr man in Kontakt mit der Wahrheit der Dinge ist, um so mehr Autorität hat der Wille über die Substanz. Die Autorität ist eine wahre Autorität. Begehrt ihr ein Kleidungsstück, müßt ihr die Macht haben, es zu erzeugen, eine wahre Macht. Habt ihr diese Macht nicht, nun, dann bleibt ihr nackt. Es gibt keinen künstlichen Ersatz für eine fehlende

Macht. Hier ist die Autorität nicht einmal unter einer Million Fälle Ausdruck von etwas Wahrem. Alles ist ungeheuer dumm. (Februar 1958)

*

Ja, das wird wirklich eine wunderbare Welt sein! Nicht in dem Sinne, in dem die Menschen es verstehen, sondern wunderbar an Einfachheit, aber ... eine göttliche Einfachheit! Keine Tricks mehr. Keine künstlichen Mittel mehr. Keine Großen Mächte mehr — all diese mit "Mächten" vollgestopften Leute: die Super-Yogis oder die Super-Präsidenten ... Es gibt keine "Mächte" mehr — die "Macht" ist einfach: zu atmen und zu sein. Verstehst du, es gibt keine "Mächte" mehr — all das ist vorbei. Die "Mächte", das sind die Tricks der Lüge: "Ah, ich KANN!"

Das ist der Tod, der "kann".

(Schweigen)

Ah! wie gut das sein wird, der Tag, an dem all diese Hochstapeleien der Welt FALLEN! Das wird gut sein!

(Schweigen)

So, und in der Zwischenzeit wählen sie einen neuen Präsidenten — sie wählen immer den nächsten Lügner. Oder sie nehmen den Telefonhörer, um den nächsten Lügner zu rufen ... der ihnen hilft zu sterben, nicht wahr.

(Schweigen)

Zu dir spreche ich, Bruder, denn du wirst in Dieser Welt sein — keine "andere" Welt: diese hier. Du wirst da sein — du wirst da sein. Du bist schon darin. Du bist dir dessen noch nicht recht bewußt, weil ... weil du noch eine Arbeit zu

erledigen hast, und um diese Arbeit nützlich verrichten zu können, muß man sich noch in Masken kleiden ...
Das ist vorübergehend.

(langes Schweigen)

Mutter ist gnädig, weißt du ... Sie ist gnädig. Es erfordert nicht viel von unserer Seite — von unserer armen, hilflosen Seite —, es erfordert nicht viel, damit sie ... herbeieilt und hilft.
Wir sind sehr schwerfällig, weißt du. Wir verrichten genau unsere alte Arbeit, schwerfällig zu sein.

(Schweigen)

Ich glaube ... alles ist SEHR NAH.

Wir wurden geschaffen ... für dieses Wunder ... für diese Wonne ... auf der Erde.

(Fortsetzung folgt ...)

BIOGRAPHISCHE ANMERKUNG

Sri Aurobindo wurde am 15. August 1872 in Kalkutta geboren. Als er sieben Jahre alt war, sandte sein Vater, ein Landarzt, ihn nach England, damit er "ernsthafte Studien" betreibe, wie es in gewissen anglisierten Kreisen Indiens Brauch war. So wurde Sri Aurobindo dreizehn Jahre lang von westlicher Kultur durchtränkt — die übrigens seine akademischen Talente reichlich anerkannte. 1893, im Alter von zwanzig Jahren und mit seinem Diplom aus Cambridge unterm Arm, kehrte er in seine Heimat zurück. Sein Vater war gerade verstorben, aber er fand auch die politische und soziale Lage Indiens (unter englischer Besatzung) zutiefst schockierend und ungerecht. Nach einigen Jahren, in denen er einen Posten als Französisch- und Englischprofessor am Landeskolleg von Baroda bekleidete (er wurde dort zum Vize-Direktor) und Privatsekretär des Maharaja des Landes war, ließ Sri Aurobindo sich in Kalkutta nieder, um öffentlich den politischen Kampf anzutreten, der ihm am Herzen lag. Gleichzeitig und parallel dazu begann er seine innere Forschung — das "Yoga" —, nicht um in die höheren Sphären zu entfliehen, sondern als Handlungsmittel für seine revolutionären Tätigkeiten gegen den englischen Unterdrücker. Als Verantwortlicher der Tageszeitung *Bande Mataram* [Gruß an die Mutter Indien] und Vorsitzender der *Extremistischen Partei* des Kongresses, wurde er bald verdächtigt, an einem Attentat gegen einen britischen Stadtrat beteiligt gewesen zu sein, und er verbrachte ein Jahr in Untersuchungshaft. In diesem Jahr der erzwungenen Isolation wurde ihm bewußt, daß die Besetzung seines Landes durch eine Fremdmacht nur eine Facette eines weitaus umfassenderen Problems ist: jenes der Transformation der menschlichen Natur: "Es erfordert nicht nur einen Aufstand gegen das britische Weltreich, sondern einen Aufstand gegen die gesamte universelle Natur!" rief er aus. Freigesprochen, aber dennoch von der englischen Polizei verfolgt und beschattet, mußte er auf französisches Hoheitsgebiet nach Pondicherry flüchten, das er 1910 erreichte. Dort begann seine wahre Arbeit, zu den Wurzeln des menschlichen Problems "hinabzusteigen". Unablässig versuchte er den wenigen Schülern, die sich in seinem "Ashram" um ihn versammelt hatten, den besonderen Gehalt seiner Arbeit zu erklären — ohne großen erkennbaren Erfolg. 1950 verließ er seinen Körper und überließ Mutter, seiner Gefährtin, die Aufgabe, sein Werk weiterzuführen.

1914, auf einem Besuch in Pondicherry, traf **Mutter** Sri Aurobindo zum ersten Mal. Erst 1920, nach einem Umweg über Japan und China, kehrte sie endgültig zurück, um an seiner Seite zu bleiben. Mutter oder Mirra Alfassa wurde 1878 in Paris geboren, als Tochter einer ägyptischen Mutter und eines türkischen Vaters. Bereits als kleines Mädchen hatte sie seltsame Erfahrungen, Visionen aus der Vergangenheit der Geschichte und vielleicht auch aus der Zukunft; "im Traum" traf sie Sri Aurobindo zehn Jahre bevor sie ihm physisch in Pondicherry begegnete. Als Mathematikerin und Künstlerin-Malerin und Pianistin war sie befreundet mit Gustave Moreau, Rodin, Monet; sie heiratete einen Maler, von dem sie sich später scheiden ließ, um einen Philosophen zu heiraten, den sie dann auf einer Reise nach Pondicherry begleitete. Dreißig Jahre lebte sie neben Sri Aurobindo. Dann, nach seinem Weggehen, übernahm sie die Führung eines riesig gewordenen Ashrams, das alle Widerstände der Erde in sich zu vereinigen schien. Zugleich tat sie selber den Sprung in das "Yoga der Zellen", um den "Großen Durchgang" zu einer anderen Spezies zu öffnen. Mißverstanden, allein, umgeben von Widerständen und bösem Willen, verließ sie ihren Körper 1973, im Alter von 95 Jahren.

Auch **Satprem** wurde das erste Mal vom "Zufall" nach Pondicherry geführt. 1923 in Paris geboren, aber von bretonischer Abstammung, hatte er den Großteil seiner Kindheit auf einsamen Seefahrten auf dem Meer verbracht. 1946, noch zutiefst erschüttert durch die Nazi-Konzentrationslager, in denen er gerade eineinhalb Jahre wegen Widerstandsaktivitäten verbracht hatte, kam er nach Pondicherry, um einen Posten in der Administration des französischen Hoheitsgebiets im Kabinett des Gouverneurs François Baron anzutreten. Zu diesem Zeitpunkt traf er Sri Aurobindo und Mutter das erste Mal. Nach einer Anzahl von Abenteuern, die ihn nach Guyana, Brasilien und Afrika führten, kehrte er 1954 endgültig zu Mutter zurück, um ihr Vertrauter und Zeuge zu werden. Tag für Tag notierte er die Erfahrungen, die sie ihm anvertraute und die *Mutters Agenda* bilden, das fabelhafte "Logbuch" des Weges zu einer nächsten Spezies. Nach Mutters Hinscheiden 1973 mußte er ein Ashram verlassen, das unfähig war, die Revolution, die diese *Agenda* enthielt, zu akzeptieren, um — sehr mühselig — ihre vollständige Veröffentlichung in Frankreich sicherzustellen. Nach Jahren, die dem Schreiben und dem Versuch gewidmet waren, die Revolution zu erklären, die Mutter und Sri Aurobindo für die Spezies darstellen, lebt Satprem jetzt zurückgezogen, um zu versuchen, Sri Aurobindos und Mutters Entdeckungen in sich selbst in die Tat umzusetzen.

BIBLIOGRAPHIE

Alle Zitate von Mutter nach dem Jahre 1953 sind *L'Agenda de Mère* entnommen (in 13 Bänden, Institut de Recherches Évolutives, Paris). Einige wenige Zitate vor 1953 stammen aus den *Entretiens* am Ashram-Sportplatz.

Die Zitate von Sri Aurobindo entstammen der *Centenary Edition* in Englisch, seine gesammelten Werke in 30 Bänden. Die Zitate in diesem Buch beziehen sich insbesondere auf folgende Bände:

- 5 — *Collected Poems*
- 12 — *The Upanishads*
- 16 — *The Supramental Manifestation*
- 17 — *The Hour of God*
- 18 — *The Life Divine, I*
- 19 — *The Life Divine, II*
- 22 — *Letters on Yoga, I*
- 24 — *Letters on Yoga, III*
- 26 — *On Himself*
- 28 — *Savitri, I*
- 29 — *Savitri, II*

Des weiteren wurden Auszüge aus folgenden Werken verwendet:

- 31 — *Life of Sri Aurobindo*, A.B. Purani
- 32 — *Correspondence with Sri Aurobindo*, Nirodbaran
- 33 — *Evening Talks with Sri Aurobindo*, A.B. Purani
- 34 — *Talks with Sri Aurobindo*, Nirodbaran.

ANDERE WERKE VON SATPREM

L'Orpailleur, [Der Goldwäscher], Roman (1960)

Sri Aurobindo ou l'Aventure de la Conscience, [Sri Aurobindo oder das Abenteuer des Bewußtseins], Essay (1964)

La Genèse du Surhomme,
[Auf dem Wege zum Übermenschen], Essay (1974)

Par le Corps de la Terre ou le Sannyasin,
[Durch den Körper der Erde oder der Sannyasin], Roman (1974)

Mère: 1. Le Matérialisme Divin, 2. L'Espèce Nouvelle 3. La Mutation de la Mort
[Mutter: 1. Der Göttliche Materialismus, 2. Die Neue Spezies, 3. Die Mutation des Todes], Essay (1977)

Gringo, Erzählung (1980)

Sept Jours en Inde avec Satprem, einführendes Interview von F. de Towarnicki (1981) — auf Deutsch erschienen als: **Der Kommende Atem**, 208 Seiten, Daimon Verlag, 1987

Le Mental des Cellules, Essay (1981) — auf Deutsch erschienen als: **Der Mensch hinter dem Menschen**, 240 Seiten, Goldmann Buch Nr. 11754, 1985

L'Agenda de Mère 1951 – 1973, enthält in 13 Bänden das "Logbuch" von Mutters Erfahrungen im Körperbewußtsein, so wie Satprem sie als ihr Vertrauter während 23 Jahren notierte. Ihre Gespräche auf Französisch in Kassettenform sowie die Bücher in französischer und englischer Sprache sind erhältlich von: Institut de Recherches Évolutives,
32 av. de l'Observatoire, F-75014 Paris.
(deutsche Übersetzung in Vorbereitung)

Spirituelles Erwachen

Darshan Singh
Spirituelles Erwachen
11809

Herman Weidelener
Die Götter in uns
11802

Eugene G. Jussek
Begegnung mit dem
Weisen in uns   11765

Dalai Lama
Ausgewählte Texte
11803

Herman Weidelener
Abendländische
Meditationen   11782

Satprem
Der Mensch hinter
dem Menschen   11754

GOLDMANN

Wendezeit

George Trevelyan
Eine Vision des Wassermann-Zeitalters 14001

Robert Muller
Die Neuerschaffung der Welt 14019

Peter Ripota
Die Geburt des Wassermann-Zeitalters 11808

Liz Collins
Bewußter leben im Hier und Jetzt 11775

Alan Watts
Im Einklang mit der Natur 14018

Winifred Rushforth
Dein Wille wird geschehen 14013

GOLDMANN

Das neue Wissen

David Bohm
Die implizierte Ordnung
14036

Ken Wilber
Halbzeit der Evolution
14040

Ulli Olvedi
Evolution im Alltag
14037

Stephan Lackner
Die friedfertige Natur
14022

Rupert Sheldrake
Das schöpferische
Universum 14014

Marilyn Ferguson
Geist und Evolution
14011

GOLDMANN

ALAN WATTS
BEI GOLDMANN

14018

14005

11384

GOLDMANN

Magisches Denken

Das Hexenbuch
11806

Alan Bleakley
Früchte des Mondbaumes
11785

Harold A. Hansen
Der Hexengarten
11784

Schenk / Kalweit
Heilung des Wissens
11805

Joan Halifax
Die andere Wirklichkeit
der Schamanen 11756

Sergius Goldwin
Die weisen Frauen
14004

GOLDMANN